KB271431

어머니하느님

증산도상생문화총서 016

어머니 하느님 —정음정양과 수부사상—

초판발행: 2011년 12월 22일
글쓴이: 유　철
펴낸이: 안중건
펴낸곳: 상생출판
주소: 대전광역시 중구 선화동 289-1번지
전화: 070-8644-3161
팩스: 042-254-9308
E-mail: sangsaengbooks sangsaengbooks.co.kr
출판등록:2005년3월11일 (제175호)
배본대행처: 대원출판

ISBN 978-89-94295-22-0
ISBN 978-89-94295-1-5 (세트)

정음정 양과 수부사상

어머니 하느님

유 철 지음

상생출판

머리말

　남성과 여성의 지위와 역할에 대해 말할 때 흔히들 '남녀평등' 이란 말을 한다. 필자의 어린 시절에도 여학생이 남학생에 맞서 권리를 주장하면서 '남녀평등'을 외치곤 하였다. 근대화가 시작되면서 들불처럼 퍼지기 시작한 성평등 의식은 다방면에 걸쳐 여성해방 운동으로 나타났다. 그 말은 곧 다방면에 걸쳐서 여성 억압이 존재했다는 뜻이기도 하다. 급진적 여성학자는 태어나면서 받은 자신의 이름을 새로 지으면서 부모의 성을 함께 사용한다. 이를 통해 자신이 얼마나 여성의 지위에 대해 고민하는지를 실천적으로 보여주는 것이 아닌가 싶다. 이제 남성이 남성이기에 더 큰 지위를 가져야 한다고 주장한다면 그 사람은 여성에게 뿐만 아니라 남성에게도 이상한 사람 취급을 받게 된다. 그만큼 시대는 변했다. 그렇다면 이제 여성은 여성이기에 행복하고 여성의 삶에 만족하면서, 인류의 절반으로서 남성과 함께 잘 살아가고 있는가?

　이 책자에서 필자는 아직 그렇지 않다는 대답을 하고자 한다. 하지만 그러해야 한다는 것을 말하고자 한다. 역사적으로 여성 억압의 기원과 현상을 되짚어 보고 그 근원을 밝히는 작업은 여러 가지 방법으로 진행되어 왔다. 인류학, 사회학, 철학, 역사학 등 많은 분과 학문이 남녀 불평등의 원인을 탐구하였고 각자 해결책을 내놓았다. 여기서 필자는 그와 같은 또 하나의 이론적 해결책을 마련하고자 하는 것은 아니다. 오히려 여성해방의 새로운 가능성을 보여주고자 하는데, 그것은 아주 새로운 사상에서 유래한다. 바로 증산도의 정음정양 사상과 수부 사상이 그것이다. 이 두 사상은 동양의 음양론과 밀접한 관련이 있으며, 이는 나아가 우리가 살아가는 우주의 질서를 근거로 하고 있다. 이 작은 책이 독자들에게 여성해방의 새로운 논리로 다가갈 수 있는 이유이다.

인간의 삶에는 질서가 있고, 그 질서는 삶에 어떤 원칙이 있기 때문에 유지된다. 그 질서와 원칙을 살펴보면 인간 삶의 모습과 방향을 정확히 바라볼 수 있을 것이다. 동양 철학에서는 인간의 삶의 근거를 우주에서 찾고, 그 결과 우주의 질서는 인간의 질서와 상호 밀접한 관련이 있음을 밝혀냈다. 이는 너무나 당연한데 우주는 인간을 낳았고, 인간은 바로 우주 속에서 살아가기 때문이다. 이 당연한 전제가 필자의 생각이 나아가는 방향을 규정한다. 아직도 진행 중인 남성과 여성의 불평등의 문제를 새로운 시각에서 바라보고, 그 해결책을 찾아보는 것은 앞으로 인류의 삶을 남성과 여성의 조화로운 삶으로 만들기 위해 반드시 가야할 길이 될 것이다.

내용

천지에 가득 찬 여자의 한恨

선천은 억음존양抑陰尊陽의 세상이라. 여자의 원한이 천지에 가득 차서 천지운로를 가로막고 그 화액이 장차 터져 나와 마침내 인간 세상을 멸망하게 하느니라. 그러므로 이 원한을 풀어 주지 않으면 비록 성신聖神과 문무文武의 덕을 함께 갖춘 위인이 나온다 하더라도 세상을 구할 수가 없느니라.(『도전』 2:52:1~3)

1 여성의 원한에 대해…

선천은 억음존양抑陰尊陽의 세상이라. 여자의 원한이 천지에 가득 차서 천지운로를 가로막고 그 화액이 장차 터져 나와 마침내 인간 세상을 멸망하게 하느니라.(『증산도 도전』 2:52:1-2)[1]

여성에 대한 박해와 억압은 오랜 세월 쌓이고 쌓여 여성의 가슴에 상처를 남기고, 치유할 수 없는 원한을 만들어 왔다. '여자의 원한', 오뉴월에 서리를 내리게 하는 그 원한을 풀어주지 않고서 어찌 남성들이 발 뻗고 잠잘 수 있겠는가?

I부에서는 인류 역사이래 여성이 여성이라는 이름으로 박해받고 억압받은 이유와 실상에 대해서 기술하고자 한다. 그것을 위해 먼저 여성해방에 대한 논의가 21세기 지금 우리에게 필요한 이유는 무엇인지를 설명하고, 다음으로 여성 억압의 기원과 여성운동의 과정을 살펴보고자 한다. 이를 위해 필자는 원시 인류의 여성신女性神 문화와 모계母系 사회가 어떻게 남성신男性神 중심, 부계父系 사회로 전이되는가를 간략히 검토해볼 것이다. 특히 I부에서는 동서양의 대표 종교라 할 수 있는 기독교와 유교, 불교와 이슬람교가 여성에 대해 어떤 관점을 갖는지를 분석할 것이다. 세계 4대 종교라고 하는 이들 종교들의 공통점은 남성신 문화이며, 남성 중심 문화라는 공통점을 갖는다. 마지막으로 실제로 여성이 남성의 폭력과 억압에 얼마나 오랫동안, 심각하게 시달려 왔는지를 몇 가지 사례들을 중심으로 살펴볼 것이다.

---

1 증산도 도전 편찬위원회 편, 증산도 도전, 서울: 대원출판사, 2003. 이하 편:장:절로 표기함.

1. 왜 여성해방인가

모는 인간의 존재 근거는 여성이다. 또한 더 나아가 모든 인간의 감성과 윤리의 근거는 모성母性에서 찾을 수 있다. 아이가 어머니 품속에 있는 최초의 그 몇 년이 사랑과 평화, 아름다움과 희망이 생겨나는 바탕이다. 그러나 이러한 생명과 사랑이 생겨난 창조의 모태는 다시 여성이라는 이름으로 억압되기 시작한다.

가부장적인 신화, 꿈의 상징주의, 신학, 언어를 통틀어 두 가지 개념이 나란히 흘러내려오고 있다. 그 중 하나는 여성의 육체가 불결하고 타락하였으며 배출과 출혈의 장소이며, 남성다움을 위태롭게 하는 것이며, 도덕적, 육체적 오염의 원천이고 '악마의 출입구'라는 것이다. 또 다른 하나는 어머니로서의 여성은 은혜를 베풀며, 성스럽고, 순수하며 무성無性이고 풍요롭게 하는 존재라는 것이다 … 이 두 가지 개념을 유지하기 위해 남성의 상상력은 여성을 선과 악, 가임여성과 불임여성, 순수와 불결 사이에 양극화된 존재로 나누었고, 그에 따라서 여성을 보고 여성들도 그렇게 보도록 강요해왔다."[2]

---

[2] A. Rich, *Of woman born*, 김인성 역, 『더 이상 어머니는 없다』, 서울: 평

　왜 인간의 역사가 이러한 여성 억압의 역사로 흘러왔을까? 이는 아마도 인류 역사의 이중적 관점에서 비롯되었다고 해야 할 것이다. 위대한 남성성을 위해 여성성은 억압되고 종속되어야 했다. 남성 우월주의는 만들어진 여성의 열등성을 딛고 서있다. 그 배경에는 '차이'가 자리하고 있다. 남성과 여성의 생물학적 차이는 양자의 가장 분명하고 즉각적인 차이점이다. 문제는 이러한 차이를 이데올로기로 확대 재생산한 남성의 억압과 폭력이다.[3]

　현대에 와서 여성의 문제를 언급하는 것이 의미가 있는가라는 물음이 제기될 수 있다. 왜냐하면 여성은 더 이상 억압된 삶을 살아가지 않는다는 것이다. 정치적, 경제적, 사회적으로 여성은 남성과 동등한 역할과 능력을 발휘하고 있다. 오히려 우먼파워에 남성들이 억압당하기도 한다는 반론이 제기되기도 한다. 그러나 사회 각 분야에서 여성이 참여하는 비율과 중요도는 여전히 열악하며 그들에 대한 시선 또한 정당한 것 같지는 않다. 어느 누구라도, 그가 여성이든 남성이든, 남성과 대비해서 '여성'을 떠올릴 때 그의 관념에는 상대적 불이익과 무의식적 편견이 동반된다. 21세기에

민사, 1995, 8쪽. 리치는 이 책을 통해 여성과 어머니의 역할과 심층적 심리를 잘 설명하고 있다.

3 강영한 박사는 「증산도의 남녀동권사상」에서 꽁트와 스펜스, 섬너 등 고전 사회학자들의 여성관을 소개하면서 그들의 견해는 "남성과 여성간의 불평등 근거를 생물학적 측면에 두고 있으며 그로 인한 불평등을 당연한 것으로 간주하는 경향이 있다"고 말한다.(강영한, 「증산도의 남녀동권사상」, 증산도사상연구소 편, 『증산도 사상』 제 7집, 서울: 대원출판사, 2003, 142쪽)

여전히 그러하다면 여성해방의 문제는 아직 진행형임에 틀림없다.

가정의 화평과 행복은 남편과 아내의 사랑과 평화에서 나온다. 이와 마찬가지로 사회의 평화와 행복은 사회를 구성하는 두 주체인 남성과 여성의 화해와 조화에서 나온다. 우리 역사는 그 두 주체 중 하나인 아내와 여성을 남편과 남성의 권위와 폭력으로 억압하고 착취해왔다. 당연히 인간의 역사는 여성의 한과 눈물로 얼룩져 있다. 인간이 삶을 행복하게 살아가기 위한 최선의 방법은 남성과 여성이 대립과 갈등에서 벗어나 사랑과 조화를 이룰 때 가능하다. 여성해방론이 필요한 이유가 바로 이것이다. 이와 관련하여 다음과 같은 증산 상제[4]의 선언은 중요한 의미를 갖는다.

> 선천은 억음존양抑陰尊陽의 세상이라. 여자의 원한이 천지에 가득 차서 천지운로를 가로막고 그 화액이 장차 터져 나와 마침내 인간 세상을 멸망하게 하느니라.(『도전』 2:52:1-2)

왜 여성해방이 필요한지에 대해 이보다 더 직설적인 표현은 없을 것이다. 인류 역사상 여성들이 받은 상처와 고통이 너무나 커서 천지의 운행을 가로막을 정도이며, 그 원한의 파괴력이 인간 세상을 멸망시킨다는 것이다. 인류 사회에서 지금 무엇보다 필요한

---

4 우주의 주재자, 삼신 상제님이 개벽기를 맞이하여 인간의 구원을 위해 직접 인간으로 강세하셨다. 증산도에서는 인간으로 강세한 우주 절대자를 증산 상제라고 부른다. 증산 상제는 1871년에 전라도 땅에 오셨으며, 하늘과 땅을 뜯어 고치는 천지공사를 집행하시어 인간과 신명을 구원하는 기틀을 마련하였고, 1909년에 다시 하늘나라로 어천하셨다.

것은 수천 년 동안 쌓인 여성의 억울함과 원한을 풀어주는 것이
다. 인류의 절반이 고통 속에 있다면 그 세상이 어찌 행복하고 아
름다운 모습이겠는가?

이러한 현재의 상황에서 여성해방론의 기원이 무엇인가를 살펴
보는 것은 의미가 있다. 이는 여성 억압의 기원과 맥을 같이 한다.
대부분의 학자들은 남성에 의해 만들어진 여성에 대한 잘못된 이
데올로기를 자각하고, 남성의 종속에서 벗어나 남녀평등을 이루
려는 여성들의 의지가 여성해방 운동의 기원이라고 주장한다. 애
초에 남성과 여성이 자연이 만든 자연의 일부로, 동등한 사회적
파트너로 살아왔다면 여성 억압과 착취, 여성해방이라는 말은 생
겨나지 않았을 것이다. 억압이 있는 곳에 해방을 향한 몸부림이
있을 수밖에 없다.[5]

오늘날 자연 환경 보존 운동과 여성해방 운동이 맥을 같이하는 이
유가 바로 인간이 과거에 자연을 지배하고 정복해서 살아야 한다
고 믿어 자연을 황폐하게 만든 것처럼, 남성이 여성을 지배하고 정
복해서 온갖 비도덕적이고 반윤리적으로 사회 환경을 오염시켰기
때문이다. 현재 환경 위기 상황으로부터 인간이 벗어날 수 있는 길

[5] 여성해방의 기원은 한마디로 왜곡된 여성상에서 찾아진다. 남성과 여성이
자연적으로 서로 다르게 생겨났고, 그 다름은 능력과 역할과 태도의 다름을
포함한다. 문제는 그러한 다름이 자연스러운 역할과 능력을 벗어나 편견과 차
별과 종속을 생산한다는 것이다. 물론 그 이면에는 힘의 논리(폭력, 경제력, 계
급적 정치력 등)가 작용하고 있다. 이제 남성에게 뿐만 아니라 여성에게도 '남
성은 여성에 비해 더 우월한 존재'라는 '성별 이데올로기'가 고착화 된다.

은 자연에 대한 인식을 바로 하여 자연의 질서를 회복하고 인간과 자연이 통합되어 더불어 살아야한다는 깨달음을 가지는 일이고 이러한 각성이 여성 문제에도 적용되어야 함은 말할 필요도 없다.[6]

여성해방의 기원과 방향에 대해 잘 알려주는 말이다. 이 인용문의 내용은 생태 여성주의eco-feminism(에코페미니즘)의 근본 주제이다. 남성과의 관계에 있어서 여성과 자연은 둘 다 "타자화"되고 "도구화"되어 착취의 대상이 된다는 것이 에코페미니스트들의 주장이다.

남성과 여성의 문제는 인간의 문제를 넘어서 자연의 본성에 대한 자각에서 풀어야 함을 지적하는 것은 정당하다. 존재하는 순간부터 남성과 여성은 인간으로서 동등하며 무차별적이다. 그렇기 때문에 그들이 자연 속에서 태어나고 살아가는 목적은 자연과의 조화와 남녀 간의 조화로 성취되어야 한다. 이것이 남성과 여성이 자연의 일부로 서로 간에 억압과 착취 없이 살아가는 방법이다. 그러나 역사는 이와는 반대로 흘러왔다. 인간은 자연을 수탈하고, 남성은 여성을 억압했다. 인간의 반자연적 문명사文明史가 시작된 것이다. 그러면 자연의 순리를 거스르는 불평등과 부조화의 근원은 어디에서 유래하는 것인가?

---

6 남인숙, 『왜 여성학인가』, 서울: 학문사, 2002, 14쪽. 에코페미니즘과 증산도 사상의 연계는 여성해방론의 전개에 중요한 모티브를 제공할 수 있을 것이다. 이는 앞으로 과제로 남겨두고 이 글에서는 음양 논리를 근거로 한 여성해방 사상에 초점을 맞추고자 한다.

여성 억압의 역사가 노예제 이전부터 존재했고, 그 원인이 생물학적 차이에 근거한 차별이었음은 학자들 간에 특별히 이견이 없다. 최초의 분업은 남녀의 생물학적 조건에 의해서 이루어졌다. 여성이 출산과 양육, 그리고 채집 활동을 했다면 남성은 영역 확보와 전투, 그리고 사냥 활동을 했다. 이러한 생물학적 차이에 기초한 분업은 자연스럽고 평등했다. 그러나 생산력의 확대는 성차에 의한 분업에서 힘과 도구를 소유한 남성에게 더 유리한 위치와 권력을 주었고, 이러한 상황은 여성의 여성성을 비하하면서 여성을 종속하고 착취하는 근거로 작용하였다.

남성이 생산 수단을 독점하고 경제권을 가지게 되자, 여성은 경제적으로 남성에 의지하고 심리적으로 종속하게 된다. 이 후 남성은 여성을 도구화하고, 여성의 여성성을 부정하고 왜곡하면서 남녀 차별적 이데올로기를 생산한다. 수천 년간 지속된 여성의 소외와 종속으로 인해, 이제 사회화의 과정에서 잘못 만들어진 여성성女性性이 당연시 되고, 여성 스스로도 이러한 관념에 익숙해지게 되었다. 결국 여성은 정치·경제·종교·문화·교육에서 소외되고 억압되며, 수탈과 착취의 대상으로 전락한다. 이렇게 자연스러운 차이가 비자연적이고 폭력적인 억압의 기원이 된 것이다. 그리고 그러한 억압과 종속의 역사는 오늘날까지 지속되었고 여성해방운동의 발단이 되었다.[7]

---

7 여성해방론의 다양한 관점들은 성차별적 이데올로기가 어떻게 형성되었는

만일 그렇다면 그 해결 방안은 무엇인가? 인간의 초기 역사에서 부터 발생한 여성 억압이 차이에 근거한 차별이었다면, 그 차이의 문제를 해체하고 남성과 여성이 자연적 존재로 돌아가 그 차별의 이데올로기를 부정 타파하는 것이다. 필자가 이 책자에서 정음정 양의 여성해방론을 살펴보는 이유도 여기에 있다. 즉 남성과 여성 의 관계가 우주를 구성하는 음양의 논리로 해석되고, 그럼으로써 우주 내석 존재로서 양자가 서로 다른 '차이'를 갖고 있음을 자연 스러운 사실로 인정하는 것, 그러나 그 차이로 상대를 차별하는 것이 아니라 그 차이가 서로 자연적 '조화'의 관계로 회복되는 모 티브를 찾고자 하는 것이다.

필자는 여성 억압 이데올로기의 바탕에 동서양의 음양 논리가 숨어있음을 밝히고 그 해결 방안을 역사적이고 이념적인 차원을 넘어서 음양의 균형, 즉 정음정양이라는 우주론적 차원에서 찾 아야 한다는 점을 확인해볼 것이다. 존재하는 모든 것은 우주의 원리와 법칙에서 벗어날 수 없다. 역사와 철학과 종교는 인간의 문 제이지만 그 이면에 존재하는 우주론적 배경을 배제한다면 그 기

지에 대한 평가와 여성의 해방을 위한 방법에서 자유주의 페미니즘, 마르크스 주의적 페미니즘, 급진적 페미니즘, 사회주의 페미니즘으로 나뉜다. 최근에는 라캉이나 데리다, 료타르 등의 포스트모던적 사유에 바탕을 둔 포스트모던 페 미니즘도 그 한 관점으로 포함된다. 다양한 관점의 여성해방론이 있지만 이들 은 성차별에 근거를 둔 교육과 정치제도, 법률, 경제적 관계, 성적 관념 등에서 의 억압과 종속을 해체하고자 한다. 이러한 현상적 차별의 근저에는 언제나 성 차별 이데올로기가 놓여있다

원과 전개가 정확히 이해되기 어렵다. 여성해방론도 마찬가지다.

필자는 인류 역사와 함께 시작된 이러한 남성과 여성의 비극적 관계를 새로운 시각에서 풀어보고자 한다. 그 과정에서 증산도 정음정양 사상은 여성해방의 근본 문제를 풀어낼 수 있는 중요한 단서를 제공할 것이다.

2. 여성 억압의 기원과 여성해방 운동

1) 모계사회의 흔적, 여신 문화

여성은 언제나 억압의 대상이었을까? 이러한 물음에 대해 그렇지 않다는 대답을 하는 학자들이 있다. 그 학자들에 의하면 인류가 처음 등장했을 때 그들은 여성을 중심으로 하는 사회 제도를 가지고 있었다는 것이다. 즉 인류는 처음에 여성이 중심이 된 평화로운 삶을 살았다는 것이다. 이를 밝혀주는 대표적인 증거가 여신女神 문화와 여신상女神像이다.

고대의 유물이나 신화를 살펴볼 때 현대 사회의 모습과는 다른 특징이 드러나는데 그 대표적인 것이 바로 여신女神이다. 우리는 문화인류학을 다룬 서적에서 풍만한 여성 모습을 한 조각상이나 점토 상像을 발견하게 되는데, 이는 그 당시에 여성이 어떤 존재였는지를 상징적으로 보여주는 것이다.

조각가이자 미술사 교수이며 고고학과 고대 종교에 지대한 관

심을 가진 메를린 스톤은 신화와 고미술학, 고고학을 통해 인류
사의 시원에서 여신 숭배 전통이 있었다는 것을 보여주려고 노력
한다. 특히 스톤의 『*When God was Woman*, 하느님이 여자였던
시절』은 여성 신학에 대한 풍부한 자료를 가지고 저술되었다. 이
책이 출판된 1976년은 서구 페미니즘이 활발히 논의되던 때이며,

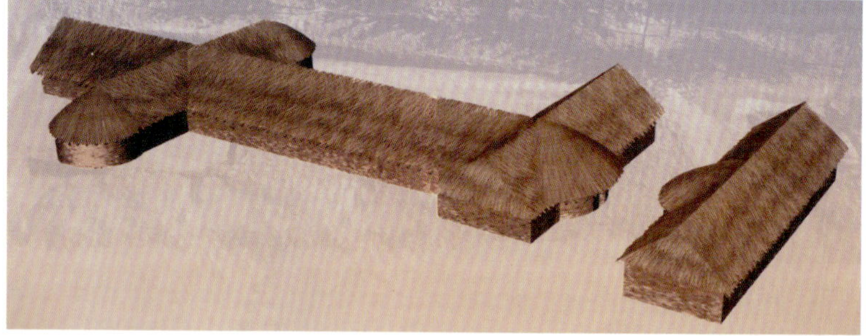

●**홍산문화의 여신사원과 복원도 :** 내몽골 적봉시 유역에서 발견된 홍산문화는 황하문
명보다 1,000~1,500년이나 앞선 문명으로 인류 최초의 시원문명으로 밝혀졌으며, 그 문명의
주인공은 우리 한민족의 조상인 동이족으로 추정된다. 홍산문화 유적지 중에서 요령성 대릉
하 상류의 우하량에서는 연대가 기원전 3,500년까지 올라가는 대형 제단, 여신묘, 적석총 등
이 발굴되었다.

그 분위기에서 이 책 또한 페미니즘의 고전으로 꾸준히 관심을
받아왔다. 이 책에서 스톤은 여성이 억압받기 전의 모습이 과연
어떠했는지에 대해 보여주는 중요한 단서를 찾았다. 스톤은 서문
에서 다음과 같이 말한다.

> 인간의 발전에서 선사 시대와 역사 시대 초기에는 최고의 창조주
> 를 여성으로 섬기는 종교들이 있었다. '위대한 여신' - '거룩한 여
> 성 조상' - 은 기원전 7천 년 신석기 시대 초부터
> 서기 50년 경 마지막 남은 여신 신전들이 폐쇄될
> 때까지 예배의 대상이었다 … 반면 보통 '태초
> 에' 일어난 것으로 여겨지는 『성경』의 사
> 건들은 실제로는 역사 시대에 일어났다
> … 고고학, 신화학, 역사학적 증거들은 모
> 두 여성 종교가 결코 자연스럽게 사그라진
> 것이 아니라, 남성 신들을 최고로 받드는
> 신흥 종교 옹호자들이 수백 년에 걸쳐 지
> 속적으로 방해하고 탄압한 결과 말살되었
> 음을 보여준다. 그리고 이런 신흥 종교로부터
> 아담과 이브의 창조 신화와 실낙원 이야기가
> 나왔다.[8]

●**테라코타 여신상** : 기원전 6세기
티그리스강 유역의 텔에스사완에서
출토된 테라코타 여신상

즉 기독교 『성서』에 나오는 에덴 동산

---

8 Merlin Stone, *When God was Woman*, 정영목 역, 『하느님이 여자였던 시절』,
서울: 뿌리와 이파리, 2005, 16쪽.

의 아담과 이브 이야기는 여성이 사회의 중심이 되던 시대, 즉 선사 석기 시대보다 한참 후대의 일로서 여성 억압의 목적으로 씌여진 내용이라고 주장한다.[9] 그녀는 그래서 결국 이러한 여성 억압의 기원을 살펴보기 위해서는 인류 역사에 남아있는 신화를 검토하는 것이 필요하며 그 신화는 태초에 여성신이 있었고, 그 여성신은 남성 신을 모시고자 하는 남성들에 의해서 폐기되었다는 것을 증언한다고 말한다. 그러나 그 과정에서 여성신만이 폐기되거나 부정된 것이 아니라, 여성도 동시에 억압되고 부정되었다. 그 증거는 『성서』에서도 찾을 수 있는데 바로 우주를 창조한 '아버지' 하나님과, 남자를 타락으로 이끄는 '어리석은' 이브의 탄생이 그것이다. 그러나 스톤은 이렇게 왜곡되기 전 여자 하느님이 존재했다고 주장한다.

필자는 언제부터인가 땅은 어머니의 대지로서 변함없이 여성, 수동적으로 씨앗을 받아들이는 존재로 여겨져 왔다고 생각하게 되었다. 반면 하늘은 자연스럽게 또 본질적으로 남성이었다 … 그러

---

[9] 스톤은 이 책을 쓰게 된 동기에 대해 "지혜롭고 용맹한 여성 창조주를 섬기던 사회의 여자들은 어떻게 살았을까? 훗날 남성 종교의 옹호자들은 왜 이전의 신앙들을 그렇게 격렬하게 탄압했을까? 아담과 이브의 전설이 함축한 진정한 의미는 무엇일까? 그것은 언제 왜 쓰여졌을까? 이 문제들에 대해서 필자가 발견한 답들이 이 책의 내용을 이룬다. … 이 책은 인간의 타락과 실낙원에 관한 유대-기독교 신화를 낳은 역사적 사건과 정치적 태도를 설명하기 위해 씌여진 것이며, 이보다 더 중요한 것은, 왜 그런 낙원 상실의 책임을 여자 이브에게, 그리고 그 이후로 모든 여자에게 무겁게 떠안겼는지 그 이유를 설명하기 위해 씌어진 것이다."라고 말한다.(스톤, 같은 책, 16쪽)

나 필자는 이제 근동과 중동의 거의 모든 여신이 '하늘의 여왕'이
라는 칭호를 갖고 있다는 것을 알게 되었다 … 가장 놀라운 일은
만물을 창조한 여성 창조주에 대한 수많은 이야기를 발견한 것이
다. 이 여신들은 첫 인간들만이 아니라 온 땅과 하늘까지 창조했다.
수메르, 바빌로니아, 이집트, 아프리카, 오스트레일리아, 중국
에서 이런 여신들에 대한 기록이 있다.[10]

스톤은 세계 각국의 무수히 많은
신화들을 검토하였고, 고미술 유적
들을 살펴보았다. 그 결과 고대
인류가 가장 먼저 섬기기 시작
한 신은 '아버지 하느님'이 아니라
'어머니 하느님'이었다고 결론 내
린다.

구약에서 '이교도'의 신으로 경멸하
는 아스다롯은 사실은 아스타르테
Astarte였다. 가나안에서 그녀는 '위대
한 여신'으로 알려졌으며, 근동
의 '하늘의 여왕'이었다. 『성경』
에 나오는 이방의 우상 숭배자
들은 여자 신인 거룩한 여자 조

●메소포타미아 수사의 여신상 : 메소포타
미아 문화의 중요한 중심지인 수사의 대표적 예
술품인 여인 나신상들(기원전 1,400년~ 1,200년
에 제작). 조각상에서 보듯이 가슴을 받치듯 쥐
고 있는 여인의 몸짓은 풍요를 상징한다.

10 스톤, 같은 책, 38쪽.

상에게 기도를 드렸다. 이 여자 신은 인닌Innin, 이난나Inanna, 나나Nana, 누트, 아나트Anath, 아나히타Anahita, 이슈타르, 이시스, 아우세트, 이샤라Ishara, 아세라Asherah, 아슈타르트Ashutart, 아토레트Attoret, 아타르Attar, 하토르 등 많은 이름을 가지고 있었다. 그러나 이 이름들은 모두 그녀를 섬기는 각 땅의 언어나 방언으로 '위대한 여신'이라는 의미였다. … 더 놀라운 것은 남성 신 야훼의 첫 예언자인 족장 아브라함이 도착하기 수천 년 전부터 근동과 중동에 이 여신의 종교가 존재했고 또 번창했다는 점이다. 고고학자들은 이 여신의 종교가 기원전 7000 년경의 신석기 시대 공동체에서 시작되었다고 본다. 또 일부는 기원전 25,000 년경인 구석기 후기 문화에서 시작되었다고 보기도 한다.[11]

스톤은 이러한 여신 문화가 생겨난 시대가 문자 기록 이전이기 때문에 여신 종교에 대해 단지 추측만 할 수 있을 뿐이라고 하지만, 여신의 기원에 대한 이론이 조상 숭배와 모계 혈족 관습에 기초를 두고 있다고 주

●**쿠로트로포스 여신상** : 기원전 3,500년~3,000년의 그리스 세스클로에서 출토된 신석기 시대의 채색된 쿠로트로포스로 여인이 아기에게 젖 먹이는 모습을 하고 있다. 학자들은 이 여인상을 신석기시대의 모계사회 문화를 반영하는 원시적 모신으로 인정하는 경향이 있다.

11 스톤, 같은 책, 51쪽.

장한다.

인과관계야 어찌 되었건, 역사 시대의 고대 여성 종교에서 여성의 지위와 역할과 관련된 자료에서 계속 나타나는 중요한 주장 가운데 하나는 여성 종교가 여성 혈족이나 모계사회와 밀접한 관련이 있다는 것이며, 어쩌면 그것이 모계사회 발전의 기원과 관련이 있을 수도 있다는 것이다. 여자들의 지위를 연구할 때 이 어머니 또는 여성 혈족 구조, 즉 모계를 따라 성과 재산을 물려주는 체계는 세심하게 살펴볼 필요가 있다. 일반적으로 모계사회는 여성 혈통을 따라 상속이 이루어지고, 아들이나 남편이나 남자 형제는 여자와의 관계에 따라서 권리나 소유에 다가갈 수 있는 사회적 구조로 규정된다.[12]

여기서 인과관계란 말은 여신 숭배가 먼저 있어서 모계사회의 여성이 우월한 지위에 있었는지, 혹은 모계사회의 형태상 여성의 지위가 높았기 때문에 여신 숭배가 생겨났는지의 문제를 말한다. 전자와 관련해서는 다음과 같은 관점이 그 근거가 될 수도 있을 것이다.

제임스 프레이저, 마거릿 미드 같은 인류학자들은 인간 발전의 아주 이른 단계, 즉 인간 생식의 비밀을 이해하기 이전, 성교와 출산을 연결시키기 이전 단계에 여성은 생명을 주는 존재로 숭배되었음을 입증했다. 오직 여자만이 인간을 생산할 수 있었으며, 이 과

12 스톤, 같은 책, 83쪽.

정에서 남자의 역할은 아직 인식되지 않았다.[13]

당시 원시인들에게 생명을 창조하는 자궁과, 생명을 기르는 젖가슴은 신비함과 위대함, 그리고 두려움과 숭배 등 다양한 감정을 느끼게 하였을 것이다. 이러한 신성한 역할을 하는 여성이 남성보다 더 나은 지위를 가지는 것은 합리적 추론이다. 하지만 이에 대해서는 어떤 확정된 결론도 내릴 수 없다. 그것은 그 당시에 살았던 그들만의 감정이기 때문이다.

그러나 이러한 문제에 대해 더 분명한 것은 "여신이 남신보다 우월한 곳, 남자 조상보다 여자 조상이 더 숭배를 받는 곳에는 거의 어디에나 모계 혈족 구조가 있다"[14]는 것이다. 이러한 결과는 인류학과 사회학적 연구에 의해 경험적, 논리적 이론으로 발표되었다. 이 양자의 입장을 상호 비교해 볼 때, 그 두 입장의 선후를 떠나서 분명한 것은 그 양자가 결코 분리될 수 없는 상관관계를 가진다는 것이다.

특히 여신의 존재를 추론하게 하는, 혹은 여성의 우월한 지위를 추론하게 하는 중요한 유물이 다수 발견되었다는 점은 의미심장하다. 스톤은 여신의 기원을 알 수 있는 세 가지 증거를 들고 있는데, 첫째는 모계사회를 설명하는 인류학적 유추이며, 둘째는 씨족

---

13 스톤, 같은 책, 53쪽.

14 스톤, 같은 책, 82쪽.

의 가장 오래된 여자, 그들 종족의 최초의 조상의 이미지로 신격화 된 '거룩한 여자 조상' 숭배이며, 셋째는 가장 손에 분명하게 잡히는 증거로서, 구석기 후기에 여러 지역에서 발견되는 수많은 여자들의 상이다.[15]

프로이트에 비견되는 심리학자 칼 융의 뒤를 이은 계승자로 불리는 에리히 노이만은 고대 문화의 여성상像에 대해 심도 깊은 연구를 하였다. 그의 저서 『*The Great Mother*, 위대한 어머니 여신』[16]는 여성성의 원형, 혹은 보다 제한적 의미에서 말하면 위대한 어머니 원형에 대해 상세히 기록하고 있다. 그는 이러한 작업을 주로 고대 여성신 문화의 상징이라고 할 수 있는 다양하고 광범위한 조각상을 분석함으로써 수행하고 있다.

노이만 책의 대부분을 차지하는 2부는 여성상像에 대한 풍부한 사진과 그림 자료를 제시하고 있으며, 이러한 자료는 그의 이론을 뒷받침하는 중요한 근거가 된다. 특히 〈빌렌도르프의 비너스〉[17]

---

15 스톤, 같은 책, 52–55쪽 참조.

16 노이만은 이 책에서 위대한 어머니 여신을 여성성의 원형으로 이해하고, 그 원형이 인류의 삶에서 어떤 의미를 지니는지를 드러내고 있다. 특히 이 책의 특징은 이 위대한 어머니에 대해 자애로움과 사랑의 여신이면서 동시에 파괴와 난교로 나타나는 충동과 열정의 에너지를 가진 존재로 이해한다는 것이다. 그 양자는 모두 인류 원형 문화의 상징으로서 여성신에 대한 이미지이다.

17 빌렌도르프의 비너스는 1908년 오스트리아 빌렌도르프 근교의 팔레오세 지층에서 고고학자 좀바티Josef Szombathy에 의해 발견된 11.1 cm 키의 여자 조각상이다. 이 석상은 22,000년에서 24,000년 전에 만들어진 것으로 추정된다. 왜, 어떻게 만들어졌으며 문화적으로 어떤 의미가 있는지에 대해서 알려져 있

와 〈망통의 비너스〉로 이름 붙여진 오스트리아 구석기 시대 조각상은 비너스라는 이름에 어울리지 않는 몸매로 형상되어 있다. 물론 비너스의 기준이 현재와는 많이 달랐을 수도 있다는 것은 논외로 한다.

볼품없는 위대한 어머니 형상들은 다산성을 상징하는 임신한 여신을 표상한다. 전 세계를 통해서 임신한 여신은 임신과 출산의 여신으로 알려져 있었다. 또한 여성뿐 아니라 남성에게 숭배 의식의 대상으로서 임신한 여신은 다산성과 은신처를 제공하고, 보호하고, 영양을 공급하는 기초적 성격의 원형적 상징을 표상한다.[18]

노이만 또한 이러한 여신상像에 대해 여신 숭배 문화로 설명한다. 특히 노이만도 이러한 여신상과 모계사회(노이만은 모권이라고 하지만)적 사회 형태는 밀접한 연관을 갖는다고 주장한다.

●**빌렌도르프의 비너스** : 1908년 오스트리아 다뉴브 강가의 빌렌도르프에서 철도 공사중 발견된 구석기 시대의 여인상. 길이 11cm 가량 작은 돌을 다듬은 것으로 출산과 풍요를 기원하는 의미가 담겨 있다.(석상제작은 22,000년~24,000년 전으로 추정)

는 것은 매우 적다. 〈빌렌도르프의 비너스〉는 사실적이라기보다는 이상적으로 표현한 여성상이다. 성기, 가슴과 배가 강조되어 있어서, 다산을 상징하는 것이라 볼 수 있다. 작은 팔은 가슴 위에 올려져 있다. 얼굴이 보이지 않으며, 머리는 땋은 머리, 눈, 또는 모자의 일종이라고 볼 수 있는 것으로 둘러싸여 있다.

18 Erich Noimann, *The Great Mother*, 박선화 역, 『위대한 어머니』, 서울: 살림, 2009, 134쪽.

인류가 처음으로 위대한 어머니 조각상을 볼 수 있었던 것은 석기 시대부터이다 … 동굴 벽화는 예외로 하고라도 이러한 위대한 어머니의 형상들은 가장 초기의 숭배 의식 작품이며 우리에게 알려져 있는 예술 작품들이다 … (이들은) 광범위하게 분포된 위대한 석기 시대 어머니의 유형을 가장 완전하게 표상한다. 이 형상들을 둘러싼 숭배 의식의 중대성은 의심할 여지가 없다. (이 여성상들은) 모권제의 지배 세력을 보여주는 좋은 예다.[19]

문제는 인류 초기 역사에서 보여지는 여성 중심 문화가 왜, 어떻게 사라졌는가 하는 것이다. 그리고 여성 중심 문화를 대체하는 남성 중심 문화가 언제 생겨났는가이다.

이에 대해 스톤은 버터워스의 『올림푸스 이전 세계의 몇 가지 흔적』을 토대로 이러한 여신 종교는 초기 인류 사회의 단면을 엿볼 수 있는 대표적인 문화 형태였는데, 이러한 여신 종교는 부계사회에 의해서 새로운 형태로 변화하게 된다고 설명한다. 스톤은 버터워스의 주장이 옛 그리스는 모계제 사회였으며, 부계 씨족들이 어떻게 주위의 모계 씨족들의 관습을 폭력적으로 부계제로 강제(부계 혁명)하는지에 대한 것이라고 하였다.

초기 그리스의 역사에서 가장 큰 혁명은 관습이 모계 상속에서부터 부계 상속으로 바뀐 것이며 … 모계 씨족에 대한 공격은 씨족 세계 자체의 힘을 파괴했으며, 그와 더불어 그 종교도 파괴했다.

19 노이만, 같은 책, 130-131쪽. 괄호 첨가.

당대의 역사는 부계사회와 모계사회 사이의 충돌로 점철되었으며
… 모계 세계는 그 세계의 핵심인 포트니아 마테르(Potnia Mater, 위
대한 여신)에 대한 수많은 잔인한 공격으로 종말을 맞이했다.[20]

버터워스의 결론은 부계사회가 모계사회를 대체했고, 부계사
회는 여신 종교에 종말을 고하고 새로운 종교, 즉 남성
신 신앙의 종교를 만들었다는 것이다. 이에
대한 노이만의 생각도 비슷하다.

비록 심리적-모권적 시대의 초창기는 선사
시대의 몽롱한 상태에서 분명히 알 수 없지만 이 시대의
종말은 인류의 역사적 시대가 도래한 여명기에 장대하
게 전개되어 있다. 그리고 나서 이 시대는 가부장적 세
계로 대체된다. 따라서 가부장적 시대에서는 상이한
상징성, 가치, 경향을 지닌 위대한 아버지 또는 남성
성의 원형이 지배한다.[21]

스톤이 『하느님이 여자였던 시절』이
란 책을 저술하게 된 가장 직접적
인 이유도 남성신 종교가 가진 여
성 억압을 밝히기 위한 것이었고,
그녀는 여성 억압의 대표적인 종

●**크노소스의 여신** : 기원적 17세기 크노소
스에서 출토된 채잭 도기상.
자연의 힘을 지배하는신비의 여신은 마법(뱀)
과 다산(드러난 젖가슴)과 관련이 있는 것으로
보인다. '뱀의 여신'은 그리스 포트니아 테론의
문화적 조상이다.

20 스톤, 같은 책, 109-110쪽에서 재인용.

21 노이만, 같은 책, 127쪽.

교로 기독교를 들고 있다.

> 필자가 처음에 여성신 숭배에 대한 연구를 시작한 동기 가운데는
> 유대교와 기독교에서 제시한 여자의 이미지, 즉 이브라는 여자의
> 이미지가 많은 부분을 차지했다. 거룩한 여자 조상을 섬긴 사람들
> 의 의식과 상징을 계속 연구해 들어가면서, 필자는 아담과 이브의
> 신화가 하나의 관점을 가진 이야기며, 그 끝마무리에 강한 편견에
> 사로잡힌 선언이 담긴 이야기가 실제로는 레위인이 여성 종교를
> 탄압하기 위한 목적으로 고안한 것임을 확신하게 되었다.[22]

스톤의 생각이 분명하게 드러나는 지점이다. 스톤은 기독교 『성서』의 「창세기」에서 '아버지' 하느님이 인간을 창조하는 부분은 부계사회의 남성신 신앙이 만들어낸 이야기이며, 그 바탕에는 여성의 여성성을 억압하기 위한 모든 이데올로기가 숨어있다고 말한다. 그리고 우리는 기독교가 얼마나 반여성적 종교인지에 대해 『성서』를 통해서 확인할 수 있다.[23] 이에 대해 노이만은 인류 초기의 여성신 문화는 가부장적 세계의 다른 신앙 문화에 의해 부정되고 거부되었으며, 그들은 의도적으로 여성신 문화를 은폐하려고 하였다고 말한다.

> 인간의 초기 단계 … 태초의 모권적 세계가 인간의 산만한 의식에

---

22 스톤, 같은 책, 327쪽.

23 기독교의 여성 억압에 대해서는 뒷장에서 다루어진다.

서 반영되지 않았을 것이라는 것은 자명하다 … 이 시기는 인간 의식이 형성되기 이전, 다시 말해서 태양의 탄생 이전이었기 때문이다. 따라서 이 단계는 … 의식에 근거를 두는 후대 가부장적 세계가 스스로 이해하고 종교, 철학, 과학을 통해 공식화하고자 한 지식이나 이성에 의거한 직접적 진술로는 이것을 결코 파악할 수 없다. 게다가 가부장적 세계는 원시 세계의 기원이 되는 어둠과 하부의 혈통 관계를 부인하기 때문에 어둠의 어머니로부터 자신이 유래하였다는 사실을 숨기는데 수단 방법을 가리지 않으며, 필수적으로 그리고 부당하게 상부의 혈통을 만들어내고자 노력한다.[24]

이러한 내용들에서 드러나는 것은 모계사회가 부권을 가진 부계사회에 의해 강압적, 폭력적으로 사라졌으며, 그와 함께 여성신 문화도 사라졌다는 것이다. 이러한 결과는 이 책의 주제가 되는 여성 억압의 역사가 시작된 기원이기도 하다.

2) 모권에서 부권으로

인류학자들은 신석기 시대까지 인류는 모계사회를 주축으로 생활했다고 추정한다. 모계사회란 자식의 계통이 아버지에게 달려있는 것이 아닌 어머니와 이모를 주축으로 형성됨을 의미한다. 사실 원시 인류 사회에서 집단 간의 문란한 성생활이 대부분을 차지했음을 감안하면, 그리고 각각 그 아버지가 다른 아이들의

---

24 노이만, 같은 책, 331쪽.

육아를 어머니가 전임했음을 감안하면, 모계사회는 자연스러운 형태이다. 그렇다면 모권사회는 존재했을까? 이에 대해 우리는 마르크스와 엥겔스에게 지대한 영향을 끼친 진보적 사회학자 모간의 학설을 통해 살펴볼 수 있다. 모계와 모권 모두가 존재했다는 모간의 이론은 인류 사회 최초의 가족 제도와 사회 풍습에 대한 단면을 보여준다.

다수의 학자들이 모권사회가 존재하지 않았다고 주장한다. 예를 들어『세계여성사』를 저술한 G. 트뤽은 "여성이 자기 집에서 군주이자 주인 노릇을 하는 시대나 체제, 즉 여성 주권 정체가 모권제라는 식으로 이해되어서는 안 된다. 그러한 시대는 아직 나타나지 않았다 … 여기서 모권제란 … 자식이 어머니의 혈통을 따르는 모계 혈통을 뜻한다."[25]고 말한다. 즉 모계사회는 존재했지만 모권사회는 존재하지 않았다는 것이다. 그러나 모권사회를 주장한 학자들도 많이 있다.

●**메셰드 여신상** : 이란 동북부에 있는 메셰느에서 줄토된 선사시대의 여성 봉헌입상.

---

25 G. Truc, *Histoire Illustree de La Femme*, 이재형, 도화진 역,『세계여성사』, 서울: 문예출판사, 1995, 20-21쪽.

은 지역에서 찾아볼 수 있다. 대부분의 사회가 원래 모계제, 여가장제, 심지어 일처다부제 사회였다는 이론은 19세기 말과 20세기 초에 연구의 주제 가운데 하나였다. 요한 바호펜, 로버트 브리폴트, 에드워드 하틀랜드 등과 같은 학자들은 고대 사회가 여가장제와 일처다부제였다는 이론을 받아들였으며, 수많은 증거로 자신의 이론을 뒷받침했다.[26]

모권사회를 주장하는 학자들은 모계사회를 모권사회라고 부른다고 하더라도 그 모권사회는 사유 재산이 없는 공산제 사회이며, 위계질서가 없는 평등 사회였으므로 부권에 대비되는 의미의 모권이란 존재하지 않았다고 추정하는 것이다. 물론 그렇게 판단할 수 있다. 모권 자체가 부권과 같은 의미로 권위와 권력으로 표현되는 것이라면 모권사회는 존재하지 않았을지도 모른다. 그러나 공존과 평화의 상징으로 여성이 가족과 사회의 중심이 된 사회 형태를 모권제로 정의한다면, 모건에 의하면, 이러한 사회는 분명히 존재했고, 그런 사회를 우리는 모권사회라고 부를 수 있을 것이다. 그리고 앞에서 밝힌 여성신 문화는 모계사회와 모권사회 양자를 동시에 추측 가능하게 하는 중요한 단서이다.

마르크스의 유물론적 역사 연구에 많은 영향을 끼쳤으며, 나아가 엥겔스의 가족제도 연구에 기여한 모건은 인류의 역사를 야만, 미개, 문명의 세 단계로 나눈다. 이 중 야만과 미개 시대의 남

---

26 스톤, 같은 책, 84쪽.

너 관계와 사회 관계는 그 이후 시대의 관계들과 구분되는 독특한 특징이 있었다. 바호펜Jacob Bachofen(1815~1887)과 모간은 이 관계를 연구한 대표적 학자이다.[27]

모간은 오랜 연구 끝에 야만 시대 초기에는 혈족 단체 내부에서 성관계가 이루어졌다는 결론을 얻었다. 즉 모든 여자가 모든 남자에 속하는 난혼 상태인데 말하자면 다처제와 다부제의 공존이다. 이를 보통 군혼群婚이라고 하는데, 한 무리의 남자들이 한 무리의 여자들과 집단적으로 성관계를 맺는 것을 말한다.[28] 이때는 혈육과 친소의 구별 없이 한 무리가 모여 살면서, 친자와 부모 사이에도 성관계가 이루어지며, 형제와 친족 간에도 마찬가지였다.

---

27 엥겔스의 『*Der Ursprung der Familie, des Privateigentungs und des States, 가족, 사적소유, 국가의 기원*』은 L. H. Morgan의 『*Ancient society, 고대사회*』를 참조하여 쓰여졌다. 그리고 엥겔스는 그 저서 제 4판 서문에서 "가족사 연구는 바호펜의 『*Mutterrecht, 모권*』이 출판된 1861년부터 시작된다. 이 책에서 저자는 다음과 같이 주장한다. 1. 인간들은 처음에는 바호펜이 난교라고 잘못 명명한 무제한적 성교 생활을 했다. 2. 이러한 생활은 아버지를 분간할 수 있는 가능성을 모두 배제했고, 따라서 혈통은 단지 모계로만-모권에 따라서만-따질 수 있었다. 이것은 초기의 모든 고대 종족에서 그러했다. 3. 그 결과 여자들은 어머니로서, 즉 젊은 세대의 확인 가능한 유일한 부모로서 높은 신망과 존경을 받았으며, 바호펜의 의견에 따르면 이 신망과 존경이 완전한 여성 지배로 확대되었다."라고 말한다.(F. 엥겔스, *Der Ursprung der Familie, des Privateigentungs und des States*, 김경미 역, 『가족, 사적소유, 국가의 기원』, 서울: 책세상, 2007, 20쪽)

28 "…릴 신보한 송속의 경우에 남자들이 일련의 여자들을 공유하는 결혼 형태가 존재했다는 증거들이 점점 더 많이 발견되었다. 그리고 러복J. Lubbock경 (*The origin of Civilisation*, 1870)은 군혼을 역사적 사실로 인정하고 수용했다.(F. 엥겔스, 같은 책, 28쪽)

중국의 고대 역사서 『여씨춘추呂氏春秋』에는 다음과 같은 기록이 있다.

까마득한 옛날에는 임금이 없었고 백성들이 무리지어 살았다. 엄마는 알고 아빠는 모르며 친척, 형제, 부부와 남녀, 상하, 장유의 구별이 없었다.[29]

여기서 엄마는 알고 아빠는 모른다는 것이 군혼제의 특징이었다. 그러나 이러한 무차별적 성관계는 오래가지 않았고 한 단계 진보한 성관계 형태, 즉 '혈연 가족'으로 이행하였는데 이는 성관계 집단이 세대 단위로 구분된 가족 형태를 말한다. 즉 병렬 혈연 간에는 난혼이었으나 직렬 혈연 관계의 성관계는 금지된 형태이다. 간단히 말해서 군혼에서 부모자식 간의 성관계가 금지된 것이다. 이러한 난혼 가족제에서 부계 혈통이란 무의미하며, 모계만 경험적으로 입증될 뿐이다. 진보주의적 여성학의 권위자인 아우구스트 베벨은 『*Die Frau und der Sozialismus*, 여성론』에서 다음과 같이 말한다.

한 여성에게 여러 명의 남편이 있을 때 부계를 증명하는 일은 불가능하며, 이 경우 부계란 단지 가정에 불과하다. 일부일처제인 오늘날에 있어서조차 부계는, 괴테가 이미 『*Wilhelm Meisters Lehrjahr*, 수업시대』에서 프리드리히로 하여금 실토하게 한 바 있

---

29 이영자, 『중국 여성 잔혹풍속사』, 서울: 에디터, 2003, 224쪽. 재인용.

듯이, 선의의 믿음에 근거하고 있을 뿐이다. 단일혼에서조차 부계가 의심스러울 수 있다면 복수혼에서는 아예 그 증명이 불가능할 것이고, 오직 모계 혈통만이 확실하게 추적이 가능할 것이다.[30]

그 후 뒤이어 나타난 가족 관계를 모간은 '푸날루아 가족Punaluafamilie'이라 이름하였는데 여기서부터 모권의 개념이 등장한다. 푸날루아 결혼의 특징은 친족의 형제자매, 특히 모계의 형제자매들 간의 결혼을 금지시키는 것이었다. 군혼에서 진보한 가족 형태가 부모자식 간의 성관계 금지였다면, 난혼에서 진보한 가족 형태는 형제자매 간의 성관계까지도 금지한 것이다. 이는 사회 형태의 변화와 연관되는데 급격한 인구 증가로 목축과 농경의 토지가 부족해지고 결국 혈족을 분할할 필요가 있었고, 또한 근친혼으로 인한 폐해와 해악들로부터 벗어나기 위해서이다.

이 중 사회 형태의 변화에서 혈족의 분리는 모계를 중심으로 형성된 가족 집단이 작은 단위의 모계 집단으로 나누어지는 것은 자연스러웠다. 오늘날 유대인의 관습 중 신랑 신부의 어머니가 같은 성姓을 가져서는 안 된다는 원칙이 있다는 것은 모계사회의 형태를 추측케 한다. 푸날루아 결혼에서도 같은 씨족 간의 결혼을 금지했는데 이는 같은 씨족이란 신랑과 신부의 어머니의 성이 같다는 것을 의미하는 것으로 같은 혈통이라는 뜻이었기 때문이다.[31]

30 A. 베벨, *Die Frau und der Sozialismus*, 이순예 역, 『여성론』, 서울: 까치, 1995, 26쪽.

31 F. 엥겔스, 같은 책, 62쪽 이하 참조.

　문화 단계가 진보함에 따라 형제자매 사이의 성관계 금지가 점차 확대되면서 모계의 먼 방계 친척들에게까지 적용되었다. 그러면서 하나의 새로운 혈연 집단 즉 씨족이 발생하였는데, 그 최초의 형태는 친자매와 일가의 자매들, 그 자식들 그리고 모계 쪽의 친형제와 일가 형제들로 구성되었다. 씨족별로 한 사람의 종모 Stammutter가 있었으며 그녀로부터 세대가 내려가면서 여성 후계자가 나온다. 남자들은 처의 혈연 집단에 속하지 않고 여자 동기의 씨족에 속한다. 그렇지만 그 자식들은 어머니, 즉 처의 가족에 속한다. 모계에 따라 그 혈통이 계승되기 때문이다. 이러한 가족 형태는 모계사회를 의미한다.

　모계사회에서는 어머니가 가족의 우두머리로서 "모권"을 소유하였고, 어머니 중심의 사회, 이름하여 모권사회는 오랜 기간 동안 가족 관계와 상속 관계의 기초를 이루었다. 모권사회는 재산을 공유하고 공산제적 경제 방식을 가지고 있었으며, 어머니와 여성은 가족 구성원의 지도자로 집 안팎의 일이나 종족에 관계되는 대소사에서 깊은 존경을 받았다. 분쟁의 재판관이며 사제로서 예배의식까지 주관하였다. 이른바 여성이 그 집단의 주권자로 행세하였다.

　이렇게 모계와 모권은 상호 밀접한 관련이 있다. 물론 모계와 모권이 동일한 개념은 아니다. 엄마로 이어지는 혈통과 그 혈통 중

심의 가족 사회를 모계사회라고 한다면, 그 모계사회에서 여성이
가진 역할과 권력을 인정하고, 여성 중심의 사회가 갖는 문화 경
제적 양태가 존재할 경우 모권사회로 규정된다. 모권제 하에서는
비교적 평화로운 상태의 공존이 유지되었다는 주장이 일반적이다.

그럼에도 모권사회의 존재 여부에 대한 논의가 있을 수 있는데,
필자는 그 이유로 두 가지를 들고자 한다. 하나는 아마도 오랜 선
사 시대의 사실을 추론하는 개연적 연구 결과로 인해서 그럴 것
이고, 다른 이유는, 아마도 이것이 더 중요한 이유가 될 수도 있겠
지만, 모권사회의 특성 때문이 아닌가 생각된다. 우리는 '권력'에
대해 잔인하고 강력한 권위와 폭력을 떠올리고, 그러한 강제력과
권력을 동일시하는데, 그런 권력과 권위의 차원에서 본다면 모권
사회는 존재하지 않았을 것이다. 모권사회는 그저 모계사회라는
이름으로 불리어도 충분했을 것이다. 그 양자를 구분할 필요가
없을 정도로 모권사회는 남녀가 서로 조화롭고 평화로운 사회라
는 것이다.

생산물의 증가와 이에 따른 인구의 증가는 씨족의 확대와 분
리를 반복하면서 모씨족을 벗어나 딸씨족으로 분열되었다. 종족
의 분열은 모계에 기초한 결혼 제도에 변화를 가져왔으며 사회와
경제가 발전하면서 씨속 간의 관계도 복잡화되었다. 공산제는 점
차 분업의 형태를 띠게 되고 이는 이득의 분배에도 차등이 생기

게 만들었다. 어로, 목축, 수렵 등에서 분업은 남성의 역할을 강화
시켰고, 남성들은 잉여 재산의 상속에 대해 다른 양식을 요구하게
되었다.

> 부가 늘어남에 따라 가족 내에서 남편이 아내보다 더 중요한 지위
> 를 차지하게 되는 한편, 강화된 지위를 이용해 관습상의 상속 순
> 위를 자식들에게 유리하게 완전히 바꾸려는 욕망이 나타났다. 그
> 러나 이것은 모권에 따른 혈통이 이어지는 한 이루어지기 어려웠
> 다. 그래서 모권제가 폐기되어야만 했고, 결국 폐기 되었다.[32]

이로써 고대의 씨족 사회가 와해되었으며 여성의 영향력과 지
위도 급격히 하락하였다. 결국 모권은 소멸되고 부권이 그 자리를
대신하게 되었으며, 사유 재산의 소유자로서 남자는 이제 그가
‘적자’로 인정하여 재산을 상속할 자식에 대해 관심을 갖기 시작
하였고, 이에 따라 ‘아내가 다른 남자와 성관계를 맺지 못하도록
금하였다.’[33]

이처럼 부권에서 부계제가 나오게 된다. 필자가 보기에 이는 모
계에서 모권이 나오게 되는 과정과는 반대의 과정이다. 모계사회
는 가족의 발생에서 자연스러운 형태였으나 부계사회는 힘을 가

---

32 F. 엥겔스, 같은 책, 88쪽.

33 부계의 혈통을 확증하고자 하는 이유에서였다. 그러나 남편은 여러 여자를
아내로 맞이할 수 있었는데 왜냐하면 그럼에도 부계는 여전히 지켜질 수 있기
때문이다.

진 남성에 의해 이루어진 강제와 강압의 사회 형태이다. 이제 남자는 힘으로 자신의 여성이 더 이상 다른 남자와 관계하는 것을 막았고, 나아가 종교적으로, 도덕적으로, 법적으로 제도화하였다. 어쨌든 사유 재산 제도의 확립과 함께 여성은 남성에게 예속되기 시작하였고 여성을 멸시하며 억압하는 시대가 부권사회라는 이름으로 등장하게된 것이다.[34]

신화와 전통의 관점에서 여성학의 영역을 탐구했던 리치는 다음과 같이 말한다.

"모가장제(matriarchy)", "모권(mother-right)", 그리고 "여성정치(gynocracy)" 혹은 "여권 정치(gynarchy)"라는 용어들이 부정확하게 쓰이는 경향이 있다. 로버트 브리포드는 원시 사회에서 모가장제는 단순히 권위가 남성이 아닌 여성에게 있다는 차이만 있는 가부장제는 아니었다는 점을 보여주려 한다. 그는 "여성정치"라는 용어를 여성이 재산을 통하여 경제적인 지배와 통제를 하는 상황에만 국한하여 사용한다. 그의 지적에 따르면 어떠한 사회에서나 모가장적인 요소는 '기능적인 원인' 즉, 임신과 출산, 육아와 자녀교육 등의 어머니의 역할을 가지고 있다. 그리고 초기 사회에서 이러한 기능에는 상당한 활동과 권한이 수반되었는데, 현재는 이것이

---

34 A. 베벨, 같은 책, 15쪽 이하 참조. "혼인이란 무엇인가? … 중국 고전인 『설문해자』에 '혼婚은 처의 집을 말하고, 인姻은 남편의 집을 말한다'고 기록되어 있다. 혼인婚姻이란 글자의 순서를 보면, 모계사회가 부계사회보다 먼저 존재한 사실과 관계가 있을 것이다."(이영자, 같은 책, 223쪽)

가정을 벗어나 남성의 영역으로 이전되었다. 브리포드가 말하는 모가장제 사회는 남성이 여성을 지배하는 가부장제 사회와 반대로 여성이 남성을 지배하고 통제하는 사회라기보다는 여성의 창조력이 충만하고 여성이 생명체적 권위를 보유한 사회였다. 브리포드에 따르면, 모가장제 사회에서는 여성들이 중요한 실제적, 주술적 역할을 하였기 때문에 여성의 권위에 대한 소위 자유 의사에 따른 (남성들의)동의가 있었을 것이다. 따라서 그는 모가장제를 본질적으로 유기적인 것으로 본다 … 브리포드의 견해에 의하면, 남성들이 경제력을 지배하고 여성의 영역으로 여겨지던 주술적인 권력을 빼앗아가고, 이러한 유기적 질서에 반기를 들면서 가부장제가 발전한다.[35]

위의 글에서 보듯이 리치는 브리포드의 견해에 동조하면서 모계사회가 가진 특징을 잘 설명하고 있다. 그리고 그 모계사회가 어떻게 부권의 가부장제 사회로 넘어가는지에 대해서도 밝히고 있다. 리치는 이 책에서 모계사회 혹은 모권사회에 유비되는 개념으로 주로 '모가장제'라는 말을 쓰는데 이 개념이 가지는 의미에 대해서 케이트 밀레트의 말을 인용하고 있다.

'모가장제'라는 말이 가부장제와의 의미론적인 유사성 때문에 이러한 생각이(모권으로 남성을 억압하는) 나게 만들 수는 있지만, 그러한 사회 질서가 반드시 한 성의 지배를 의미할 필요는 없다고

---

35 A. 리치, 같은 책, 69-70쪽. 괄호첨가.

… 생각할 수 있다. 좀 더 단순한 단계의 삶을 인정하고 여성 중심의 다산 종교가 남성의 신체적인 힘 때문에 사라졌을 수도 있다는 사실을 받아들인다면, 가부장제 이전의 사회는 상당히 평등주의적이었을 수도 있다.[36]

리치와 브리포드, 그리고 밀레트의 관점은 모간이나 베벨과 마찬가지로 모권사회의 특성이 평화와 조화에 있다는 것이다. 그리고 그리한 평화가 깨어진 것은 남성 중심적 경제와 이념에 의해서이다.

모권에서 부권에로의 이행에 대해 엥겔스는 "모권의 전복은 여성의 세계사적 패배였다."[37]고 말하고 있으며, 이러한 패배는 부권을 통한 여성 억압의 시작이 되었다.

남자는 가정에서 주도권을 잡게 되었고, 여자는 존엄성을 잃어버리고 남자의 정욕의 노예가 되었으며, 아이를 낳는 단순한 도구로 전락했다. 여성의 이러한 굴종적인 지위는 … 점차 미화되고 그럴싸하게 포장되어 때로는 보다 완화된 형태를 취하기도 했다. 그러나 여성의 굴종적인 지위는 계속 유지되었다.[38]

단적으로 추론할 때 여성 억압의 기원은 이러하다. 모계사회가

---

36 리치, 같은 책, 70쪽. 재인용. 괄호첨가.

37 F. 엥겔스, 같은 책, 89쪽.

38 F. 엥겔스, 같은 책, 89-90쪽.

부계사회로 바뀌고, 모권이 부권에 의해 부정되면서 여성은 남성의 억압을 받기 시작했다. 그것은 인류 역사에서 가장 비극적인 권력의 쿠데타였다. 이로써 긴 인류의 평화는 막을 내리고, 폭압과 전쟁의 역사, 억압과 종속의 역사가 시작된 것이다.

3) 여성해방 운동의 전개

21세기 현재 사우디아라비아에서 여성은 운전을 해서는 안 된다. 과연 왜 그럴까? 여성이라는 이유로 운전면허증을 딸 수도 없고, 운전을 해서도 안 된다면 그 이유는 무엇인가? 여성은 운전을 배울 능력이 없어서? 아니면 여성은 신체 조건상 운전을 할 수 없기 때문에? 그런 합당한 이유가 있을 리가 없다. 그 답은 딱 한가지다. 바로 여성이기 때문에.

여성이 운전을 하려면 체포될 각오를 하고, 직장을 잃을 위험을 감수해야 하는 나라가 있다. 2011년 5월 사우디아라비아의 현주소다. 지난 19일 페이스 북과 유튜브에 사우디 동부 코바르에서 차를 직접 운전하는 동영상을 올리며 사우디의 여권 탄압에 맞섰던 여성 운동가 마날 알세리프(32)가 결국 사흘 만인 22일 사우디 경찰에 체포됐다고 AFP 등 외신들이 전했다. … 사우디 정부는 여성에게 운전을 허용하면 남성과 접촉할 기회가 많아져 도덕적 가치가 붕괴될 수 있다는 이유로 자국 여성은 물론 외국인 여성의 운전도 금지하고 있다. 앞서 사우디 정부는 지난 1990년 여성 운전 허용을 공개적으로 촉구하며 운전을 한 여성 47명을 체포했다. 이 여성들은 이후 1년간 여행이 금지됐고, 2년 반 동안 취업길이 막히는 등 불이익을 받았다.(〈서울신문〉, 2011. 5. 30.)

그럼 이러한 법을 만든 사람은 누굴까? 너무나 당연하게도 남성이다. 모계사회 형태가 부계사회 형태로 바뀌면서 평화와 조화의 부드러운 힘, 모권은 사라지고 강제와 억압의 힘, 부권이 등장하게 된다. 그 부권의 힘으로 모든 것을 남성이 소유하게 되며, 반대로 모든 것을 여성에게서 박탈하게 된다. 여성으로 태어나는 것 자체가 형벌이자 저주가 되었다. 베벨은 여성 억압의 역사가 얼마나 오래되었고 보편화되었는지 다음과 같은 예를 들어 설명한다.

> 과거 플라톤은 자신에게 내려진 여덟 가지 축복에 대해 신께 감사드린다고 고백한 적이 있다. 자신이 노예가 아니라 자유민으로 태어나게 해준 데 대해 무엇보다 먼저 감사드렸고, 그 다음으로 여자가 아닌 남자로 태어나도록 점지하신 그 은혜에 대해서 감사드린다고 하였다.[39]

고대 그리스의 철학자 플라톤에게 있어서 노예의 삶과 여성의 삶은 결코 다르지 않았다. 둘 다 주인이 정해져 있으며, 참정권도

---

[39] 베벨, 『여성학』, 109쪽. 사실 고대 그리스에서 여성은 폴리스의 정식 시민이 아니었다는 사실을 상기할 필요가 있다. 플라톤은 남성 중에서 비겁하고 정의롭지 못한 자들이 윤회하여 여성으로 태어난다고 하였는데, 그것은 여성으로 태어나는 것이 바로 형벌이라는 것을 뜻한다.

없다. 경제적으로 소외되었고 교육의 기회도 없다. 강제 노동과 폭행에 시달린다. 그러나 한 가지 차이점이 있는데, 긴 세월이 흐르고 노예는 해방되었지만 여성은 여전히 억압과 종속을 벗어나지 못하고 있다는 점이다. 인류의 절반인 여성이 인간으로 다시 태어나고자 하는 몸부림이 시작된 것은 언제부터일까?

여성해방 운동적 시각에서 여성운동이 조직적으로 시작된 것은 그리 오래된 것이 아니다. 17-8세기 계몽주의 사상과 자본주의 초기 자유민주주의 사상의 영향을 받은 부르조아 여성의 자각과 자아 발견을 그 기원으로 하여 300여년에 불과한 역사를 지닌다.[40]

300년의 역사를 가진다고 하지만 실제로 본격적인 여성해방 운동은 20세기 초에 들어서면서 시작되었다고 해도 과언이 아니다.

그동안 선진 자본주의 국가에서 뿌리를 내려 온 여성운동을 살펴보면 역사적으로 크게 자유주의적 여성운동론과 초기 마르크스주의자들을 중심으로 한 1920년대까지의 마르크스주의적 여성운동론, 그리고 세계적 공황과 1, 2차 대전을 격고 난 후 새로운 좌파적 움직임으로 개시된 1960년대 이후의 운동으로 나누어진다.[41]

이처럼 서구 여성운동의 태동에서부터 19세기 중엽까지 페미니즘 이론의 기반을 마련해 준 것이 자유주의이다. 봉건제에서 자본

40 정영애 외 공저, 『또 하나의 나무』, 용인: 강남대출판부, 1998, 273쪽.
41 정영애 외 공저, 같은 책, 273-4쪽.

제 사회로의 이행에서 부상한 시민 계급의 이념으로 형성된 자유주의 사상은 만인의 자유와 평등을 제창하였다. 이와 함께 여성들은 그 동안 남성들이 누려온 권위와 특권에 반발하기 시작했다. 처음 여성운동이 발발할 때 중심 이슈는 당연히 여성이 억압받는 존재에서 자유로운 인간으로 우뚝 서기 위한 것이었다. 그리고 그러기 위해서 필요한 것은 남성의 여성에 대한 억압과 종속에서의 해방이었다. 따라서 모든 형태의 여성운동은 여성해방 운동이라고 할 수 있다.

여성해방 운동이라는 명칭에서 알 수 있듯이, 이 운동은 여성이 남성과 대립하거나, 남성을 억압하기 위한 운동이 아니라 여성이 스스로 굴레와 속박에서 벗어나는 것을 목적으로 한다. 즉 여성해방 운동은 또 다른 억압이나 불평등을 낳는 것이 아닌 남성과 여성의 새로운 관계, 조화와 평화의 관계를 위한 운동이다.

현재 우리가 여성운동이란 용어를 거부감 없이 자연스럽게 받아들이며 쓰고 있으나, 여성주의, 즉 페미니즘을 바탕으로 한 여성운동이 사회 정치적으로나 문화적으로 하나의 운동으로 대중적 논의가 시작된 때는 1960년대 후반으로 볼 수 있다. 물론 그 이전부터 여성운동의 움직임은 있어 왔고, 그 원류를 18세기 중반으로 거슬러 올라갈 때, 여성이 그나마 정당한 권리의 일부를 얻기까지 오랜 시간과 노력이 필요했음을 알 수 있다.

자유주의 시민혁명에 의해 주장된, 모든 국민은 '천부인권', 즉 하늘이 공평하게 부여한 인간으로서의 권리를 가진다는 인본주의 사상은 시민혁명의 기본 주장이었다. 그리고 이를 근거로 만들어진 것이 바로 '미국 독립선언서'(1766)와 프랑스 시민혁명의 결과로 나타난 '프랑스 인권선언서'(1789) 이다. 하지만 이러한 천부인권에 당연히 여성의 권리도 포함되어야 한다는 주장은 형식 논리적 판단일 뿐이었다. 즉 여성운동의 기본적 논리가 시민혁명의 산물인 '천부인권'을 기초로 한 움직임이었음에도 불구하고 여성해방론자들의 주장은 남성들에게 받아들여지지 않았다.

프랑스 혁명을 주도했던 남성들은 여성의 시민권 요구를 남성의 권위를 위협하고 가부장적 가족을 파괴하는 것으로 보았기 때문에 봉건 귀족들이 그들에게 했던 똑같은 방식으로 가차 없는 거부로 일관했다. 이렇게 프랑스 혁명 이후 부유한 남성 시민 계급이 권력을 장악하면서 여성의 권리 선언은 그야말로 선언으로 끝나버렸다. 여성들은 선거권을 얻기 위해 때로는 목숨까지 바쳐가며 극력한 투쟁을 전개해 나갔다. 이때부터 여성 참정권 쟁취 운동은 하나의 권리 투쟁일 뿐 아니라 굳어져 있는 뿌리 깊은 성차별적 사고방식에 대한 투쟁이 되었다.[42]

---

[42] 정영애 외 공저, 같은 책, 275쪽. 천부인권을 신봉한 존 로크John Locke도 인간을 포괄적 의미로 이해하기 보다는 남성에 한정하였고, 여성은 합리성이 결핍된 존재로 자유롭고 동등한 개인의 위치에서 벗어나 있다고 생각했다. 루소 J. J. Rousseau도 자유와 평등이 자신의 과제였으나 그것은 남성만의 문제로 한정하고 여성은 태어나면서부터 남성에게 종속된 존재이며, 자유와 평등과는

이러한 상황 속에서 시작되었다고 할 수 있는 초창기 여성해방 운동은 남성을 위주로 한 인권선언의 틀을 여성해방 이론에 그대로 적용시켰기 때문에 한계에 부딪힐 수밖에 없었다.

세계적으로 사회주의 국가를 제외한 산업 국가들은 평등주의적 정강을 가진 주요 국가들이고, 이런 나라들은 표면적으로는 합의의 정치를 통해 조직된 자유 민주주의 국가이다. 그러나 평등의 이데올로기가 존재하는 가운데 나타나는 뚜렷한 차별의 사례는 충격적이다. 평등의 이데올로기는 제시된 '환상'과 '현실'사이의 거리를 좁히는 것이 아니라 오히려 평등을 방해하는 수단이다. 여성들이 공유하고 있는 평등과 정의에 대한 믿음이 오히려 그들이 기만당했다는 사실을 깨닫게 하였고, 지금까지 현실에 대한 저항의 전제 조건이 되어 왔다.[43]

19세기 말에서 20세기 초 서구에서 일어났던 초창기 여성운동은 계몽사상과 자유사상에 입각한 인본주의 여성해방 운동이었다. 부계사회에서의 성차별을 인식한 초기의 여성해방 운동가들은 성적 불평등을 해소하기 위하여 여성 참정권과 노동 권익을 위해 투쟁하였다. 그러나 이들은 여성의 권리 신장에만 주목하였지, 자신들이 성취하고자 하는 인본주의 이상이 여전히 여성에게 억

무관한 존재로 보았다.(스톤, 같은 책, 368 이하 참조.) 이와 같이 인권 선언에서의 인간 해방은 여성을 배제한 남성만의 해방을 지향했다.

43 J. Mltchell, *Woman's Estate*, 이형랑 김상희 공역,『여성의 지위』, 서울: 동녘, 1992, 37쪽.

압적인 부계 담론임을 깨닫지 못하였다.

19세기를 통하여 활발하게 전개되었던 근대 여성해방 운동은 20세기에 들어와 참정권을 얻은 후 일단 종식되었다. 그 후 반동기를 거쳐 가부장제의 구조적 모순을 인식하고 남성 중심 문화에 도전하여 여성의 특성을 탐구하는 현대적 의미의 페미니즘이 출현한 것은 1960년대 이후다. 1968년 5월의 학생 운동으로 그 정점에 달한 반핵 운동, 흑인의 민권 운동, 반전 운동, 녹색 운동, 제 3세계의 출현 및 히피와 같은 저항 문화의 출현과 함께 페미니즘이 새로운 국면을 맞게 된 것이다. 즉 이 시기의 여성해방 운동은 남성 지배적 사회의 거부와 여성해방을 혁명의 주요 과제로 삼고 있다.[44]

여성운동의 역사에서 초기와 그 이후의 운동이 서로 다른 의미를 갖는다고 보는데, 그래서 그 양 시기의 여성운동을 구분하여 1920년도 이전의 운동을 '여권 운동'이라고 하고, 1960년 이후의 여성운동을 '여성해방 운동'으로 부른다. 그러나 필자는 그 양자의 차이가 본질적인 차이라기보다는 주제와 방법, 그리고 시대적 과제의 차이일 뿐 여성운동의 보편적 범주 내에서는 같은 성격을 갖는다고 생각한다. 미첼은 "여성해방 운동이 발생하게 된 원인은 무엇인가? 왜 그것이 60년대 후반에 일어나게 되었는가? 여성해방 운동은 … 19세기와 20세기 초반의 여권 투쟁과 비교해 볼

---

44 미첼, 같은 책, 11쪽 이하 참조.

때 외부 분석이나 그 자체의 성격에서 많은 유사점을 공유하며 따라서 이는 그다지 새로운 것이 아니다. 초기의 여권 투쟁과 최근의 여성해방 운동이 자연 서로 유사점을 지니고 있다 하더라도, 중요한 것은 발생 기원에서 보다는 오히려 그가 갖는 특색에서 유사하다는 것이다."[45]라고 말한다.

이 당시에 여성해방 운동에 중요한 이론을 제공한 사람들 중에는 우리에게 시인으로 잘 알려진 버지니아 울프, 시몬느 보봐르, 그리고 사회학자인 마르쿠제, 파이어스톤, 밀레트, 미첼 등이 있다. 버지니아 울프Virginia Woolf의 『*A Room of One's own*, 자기만의 방』(1925), 보봐르Simone de Beauvoir의 『*The second Sex*, 제 2의 성』(1949)이 여성주의적 시각에서 저술된 글로 재인식되었고, 1970년에 출판된 밀레트Kate Millett의 『*Sexual Politics*, 성의 정치학』이나 파이어스톤Shulamith Firestone의 『*The Dialectic of Sex*, 성의 변증법』(1970), 줄리엣 미첼Juliet Mitchell의 『*Woman's Estate*, 여성의 지위』(1973), 그리고 마르쿠제Herbert Marcuse의 논문 "*Marxism and Feminism*, 마르크시즘과 여성해방"(1974) 등이 이전의 저술들과는 다르게 그 당시 커다란 주목을 받으면서 페미니즘의 대변혁을 초래할 수 있었다.[46]

---

45 미첼, 같은 책, 11쪽.
46 이화여대 한국여성 연구소편, 『여성학』, 서울: 이화여대출판부, 1992, 21쪽 이하 참조.

이렇게 출발한 페미니즘은 사조나 유행으로 그치지 않고 70, 80년대를 지나면서 확고한 이념과 사상으로 자리 잡게 되었는데, 그러한 배경에는 페미니즘과 포스트모더니즘의 만남, 즉 부계 현상을 타파하기 위한 문명 비판적 시각이 깔려 있었다. 과거의 인본주의 페미니즘이 여성의 권익을 옹호하기 위한 정치 운동이었다면, 현재의 포스트모던 페미니즘은 부계사회의 구조를 검증하고 해체하는 주지적이고 문화적인 활동으로서 문학, 미술, 연극, 영화 등 각 방면에 페미니즘을 전파하고 있다.

70년대가 본질주의, 마르크시즘에 입각한 사회주의 페미니즘의 시대였다면, 80년대는 후기 구조주의, 정신분석학, 기호론을 수용한 문화적 페미니즘의 시대로서, 이 시기에 이르러 포스트모던 페미니즘의 본격적인 국면이 형성되었다. 1세대 페미니스트들이 여성성을 고정된 범주로 고착화 하였던 반면에, 2세대 페미니스트들은 여성성이 본질이 아니라 사회 문화적 형성물이며, 항상 과정 속에 있다고 주장하였다.

4) 다양한 여성운동

여성해방 운동은 관점에 따라 다양한 모습으로 나타난다. 그러나 그 목적은 동일하다. 즉 '여성의 인간적 존엄성과 권리를 왜곡하는 모든 문화적 편견을 거부하고 그러한 억압의 조건들을 변화시키고자 하는 것'이다. 시대에 따라, 그리고 방법에 따라 여러 가지 여성운동을 구분할 수 있다.

① 자유주의 여성운동

여성해방 운동의 불씨를 당긴 것은 서구의 자유주의이다. 중세 봉건제에서 근세 자본제 사회로의 사회 형태의 변화 과정에서 정치적 발언권을 삿기 시작한 시민 계급의 이데올로기가 바로 자유주의이며, 이 자유주의자들의 기본 모토는 자유와 평등이었다. 즉 중세의 신분과 특권에 맞서 경제 행위의 자유와 인권의 평등을 주장하였다.

> 자유주의적 여성운동은 18세기의 지적인 계몽사상과 프랑스 혁명의 자유주의 사상을 계기로 발흥하였다. 봉건적 절대주의의 지배를 일소하고 모든 인간이 태어나면서부터 자유롭고 평등하다는 주장은 여성들에게도 집단적 각성의 계기를 부여하였다.[47]

이 당시의 철학적, 정치적 사상의 경향이 녹아있는 자유주의는 인간의 본성을 이성에서 찾았으며, 모든 인간은 이성적 존재로서 동등하다고 주장했다. 그러나 그 인간의 범위를 남성에 한정하여 제한하였다. 즉 시민 혁명으로 정치 세력화를 이룬 시민 계급의 일반적인 생각은 여성은 이성적이기보다는 감성적인 존재이며,

---

[47] 정영애 외 공저, 같은 책, 274쪽.

따라서 이성적으로 더 우월한 남성의 통제를 받아야 한다는 것이었다. 그래서 이 당시의 자유주의 여권론은 이러한 불합리한 관념에 반발하여 자유주의 원칙을 여성에게도 철저히 적용하고자 하였다.

자유주의 여권 운동의 특징은 관습과 제도의 불합리성을 여성 차별의 중요한 요인으로 강조한다는 점이다. 불평등한 법체계, 교육과 취업의 불평등, 억압적 성규범을 비롯한 성차별적인 태도, 여성을 구속하는 가사 노동 전담 등을 여성 억압의 궁극적 원인으로 상정한다.

이들의 기본 입장은 당시 자유주의적 정치 상황이 낳은 자유와 평등의 문제를 제도 내에서 해결하는 것이었다. 그러므로 초기의 자유쥬의적 여성운동은 여성의 법적, 형식적 평등의 요구, 도덕 개혁 운동, 고육권의 획득과 같은 온건한 성격을 띠고 있었다. 그들은 남성과 동등한 재산권을 소유할 것, 성의 자유를 보장할 것, 동등한 교육의 기회를 가질 것 등을 이슈로 내걸었다.[48]

이들은 여성 차별이 사회의 구조적인 속성에 의해서가 아니라 2차적인 문제에서 비롯된다고 보기 때문에 사회체제 자체에 도전하기보다는 현존 사회의 틀 안에서 여성 권익을 확장하는데 주력했다. 따라서 이들의 관점은 여성해방론보다는 여권론에 가깝다.

---

48 정영애 외 공저, 같은 책, 274-5쪽.

최근에는 자유주의 여성운동의 틀이 일부 수정되기도 하였다. 왜냐하면 남녀 구별 없이 무조건적인 동등한 경쟁이란 실질적으로 여성에게 불리하다는 인식 때문이다. 예를 들어 그동안 여성은 교육을 받을 기회도 적었고 성공에 대한 열의도 부족했다. 따라서 그러한 여건을 그대로 둔 채 평등을 이야기하는 것은 모순이라는 것이다. 경쟁여건 자체의 불평등이 먼저 보완되어야 한다는 주장이다.

② 마르크스주의 여성해방론

자본주의가 그 세력을 확장해가는 19세기 이후, 여성 노동자들의 사회 운동 참여가 시작되었고, 그들의 문제 의식이 여성운동의 성격으로 나타나기 시작하였다. 여성 노동자들의 경우 가장 절박한 문제는 경제적 불평등과 억압이며, 이러한 경제적 차별은 곧 생존의 문제와 맞물려 있다. 따라서 이들은 여성 문제와 경제적 억압 구조를 상관적으로 고찰하려 한다. 이를 마르크스주의 여성해방론이라고 한다.

마르크스주의자들은 여성의 억압은 가족 제도를 통해 이루어지고, 여성을 해방하기 위해서는 가족이 담당해 온 여러 기능을 사회화해야 한다는 것 등 공상적 사회주의자들에 의해 제기되었던 문제를 자신들의 논리로 재구성했다. 마르크스는 남성의 여성에 대한 관계가 인간 발전 단계의 모든 것을 나타내주고 있다는 성차별의 구체적, 역사적 기제를, 엥겔스는 '가족 사유제산제를 지탱애 주는' 가부장제 가족의 발생이 여성 억압의 기원이라는 것을 명확히 했으며, 베벨은 사회주의 사회에서는 가정에서 수행되어 온 소비적 기능이 사회에서 수행된다고 말했다.[49]

마르크스주의는 인간이 노동을 통해 의식적으로 자연을 변형시키며, 그 과정에서 인간 자신과 역사를 창조해 나간다고 본다. 자본제에서 여성 억압의 핵심 고리는 여성의 노동을 가사 노동과 생산 노동이라는 이중의 형태를 통해 억압하는 것에 있다는 것이다. 가사 노동은 대가가 주어지지 않고 여성을 사회적 활동으로부터 고립시키기 때문에 여성은 우선 가사 노동에서 해방되어 생산 노동에 참여할 수 있어야 한다. 마르크스주의 여성해방론은 가사 노동의 사회화, 가족 제도의 철폐, 여성의 생산 노동 참여를 슬로건으로 내건다.

동시에 착취의 근원인 사적 소유와 계급 제도 역시 철폐되어야 한다. 따라서 여성해방 운동은 자본제에 대한 변혁 운동과 보조를 같이 할 수밖에 없다. 이들의 여성운동 조직은 노동 계급 여성이 주축이 되어 다른 계급 여성들 그리고 다른 변혁 운동과 연대하는 방식을 취한다.

자유주의 여성운동과 마르크스주의 여성해방론을 보통 1기 여

---

49 정영애, 같은 책, 276-7쪽.

성운동이라고 한다. 이러한 여성운동의 주요 이슈는 여성이 남성과 같은 인간이며, 그러므로 남성과 똑 같은 대접을 받아야 한다는 점에 초점을 맞추었다. 자유주의적 여성운동이 남성과 동등한 선거권과 참정권, 교육권을 목표로 했다면, 초기 마르크스주의 운동은 여성이 가정과 가사 노동에서 해방되어 남성과 동일하게 사회적 활동에 참여하는 것을 목표로 했다고 할 수 있다. 그러나 남녀의 동등한 대우만을 목표로 하는 운동 전략은 사회 속에서 남성과 다른 환경 속에 처한 여성의 실제적 측면을 보지 못하고 여성의 고유한 측면을 사상하는 결과를 초래, 상대적으로 사회 구조적으로 불리한 위치에 있을 수밖에 없는 여성들의 실제 생활이 무차별적 동등성의 논리로 인해 상당한 어려움과 질곡에 빠지게 되는 한계점을 갖고 있다.[50]

③ 급진적 여성해방론

20세기 중반, 서구에서 여성운동의 물결이 거세게 일어나면서 여성 억압을 보는 관점도 다양해졌다. 특히 급진적 여성해방론은 여성 억압이 무엇보다도 근본적이며 독자적인 체제를 이룬다고 보았다. 급진적 여성해방론은 제도적인 문제를 다루는 자유주의 여성운동과 달리 체제 전체를 문제 삼으며, 계급 억압의 측면에서 여성 억압을 바라보는 마르크스주의와 달리 여성 억압의 근원

---

50 정영애, 같은 책, 277-9쪽 참조.

성을 강조한다. 그래서 급진주의는 사회적 모순 현상 가운데 여성 억압이 가장 먼저 생겨났고, 가장 넓게 퍼져있으며, 가장 뿌리가 깊다는 점을 강조한다.

급진적 여성해방론은 여성을 억압하고 지배하면서 가장 이익을 보는 주체는 바로 남성이라고 주장한다. 그리고 부권이나 가부장제는 남성에 의한 여성 지배를 뜻한다고 본다. 이처럼 남녀 간의 대립을 강조하는 급진적 여성해방론은 여성 억압의 핵심 고리를 제도나 노동억압이 아니라 출산, 성애, 성차 등 여성만의 특징에서 찾는다. 자유주의에서 주변적이고 개인적인 것으로 경시되었던 것들이 여성운동의 중요 키워드로 드러난 것이다. 여기서 이들의 구호 '개인적인 것이 정치적인 것이다'라는 말이 생겨난다.

급진적 여성해방론의 이론적 색채를 잘 나타내는 대표적인 생각은 파이어스톤의 다음 주장에서 찾아볼 수 있다.

> 여성은 임신과 출산을 하기 때문에 남성에게 의존할 수밖에 없으며 남성은 여성의 성과 출산을 통제함으로써 여성을 지배해 왔다. 따라서 남성, 여성, 자녀로 이루어진 생물학적 가족 자체가 의존과 지배의 구조로 여성 억압을 낳았다. 그러므로 여성이 해방되려면 생물학적 가족이 철폐되어야 하며, 이를 위해서는 출산과 성을 여성 스스로 통제하고 나아가 과학 기술을 통해 출산을 여성으로부터 떼어내야 한다.[51]

51 S. Firestone, *The Dialectic of Sex*, 김예숙 역, 『성의 변증법』, 서울: 풀빛,

상당히 급진적이며 극단적인 주장이 아닐 수 없다. 이런 주장에는 여성의 주어진 생물학적 특성 자체를 여성 억압의 토대로 보는 생물학적 관점이 내포되어 있다. 이것이 급진주의와 생물학주의의 접점이기도 하다. 그러나 최근에는 심리적, 문화적 차원을 강조하는 경향이 더 강세를 보이고 있다. 이들은 가부장제 아래 구축되어온 성적 지위, 역할, 기질 등을 제거해야 하며 여기서 가부장제 이데올로기에 대한 부쟁이 긴요하다고 본다.

급진적 여성운동가들은 여성다움과 남성다움을 구분하는 발상 자체가 완전히 사라져야 한다고 주장한다. 여성과 남성이 생물학적 성에 관계없이 바람직한 자질들을 발전시켜 나가는 경지, 즉 양성성을 지향하는 것이다. 그러나 최근의 추세는 이에서 더 나아가 양성성이라는 대안은 여성과 관련된 것을 낮게 보는 남성 중심적 사고에 여전히 매여 있는 것이고, 오히려 여성적인 특질을 적극적으로 재평가해야 한다는 주장을 펴고 있다. 즉 남성은 대립·지배·성취를 중심으로 하는 반면, 여성은 상호의존과 보살핌을 중요시하기 때문에 여성에 대한 재평가는 여성에게나 사회 전체로 보아서도 바람직하다는 것이다. 초기 급진주의가 여성적인 특성을 억압의 원천으로 보아 폐기하려 했다면, 후기 급진주의에서는 이것을 오히려 긍정적인 힘으로 본다. 에고 페미니즘도 이런 경향이 강하다. 이러한 생각은 이 글의 해결 방향과도 일맥상통하는

1983. 123쪽. 참조.

점이 있다.

④ 포스트모던 여성해방론

최근 들어 여성해방론자들은 포스트모더니즘의 사상 경향인 근대성 비판을 보면서 남성 중심주의를 해체할 수 있는 문제 의식의 실마리를 찾는다. 철학적 사조로서 포스트모더니즘은 근대성을 비판하고 넘어서고자 하는데, 이는 근대성이 전통적 철학 사유의 핵심인 이성적 주체로서 '나'를 세계의 중심으로 설정하고 '타자(타인과 세계, 자연 등)'를 대상화하는 이분법적 사고에 기초를 두는 사조를 의미한다는 것이다. 주체에 의한 타자의 지배라는 근대성의 이념을 비판하는 것이다.

> 포스트모던 이론은 보편적으로 타당한 진리와 도덕성에 대한 관념들이나 그 관념들에서 나온 정치학을 확립할 수 있는 어떠한 특권적인 객관적인 입장도 제공하지 않는다 … 지식과 권력은 필수 불가결하게 연관되어 있고, 여성주의 포스트모더니스트들이 주장한 바와 같이, 그것들은 여성들을 가부장적인 의미 질서에 대한 '타자'로서 정의하면서, 여성들을 체계적으로 주변화 하는 데에 주력해 왔다.[52]

포스트모더니즘 계열의 영향을 받은 포스트 여성주의자들은 1세대 여성주의자들에 의해 단일한 것으로 이해되는 '여성'이라는 주

---

[52] A. M, Jagger 외, Feminism, 한국여성철학회 역, 『여성주의 철학』, 서울: 서광사, 2005. 120쪽.

체가 사실은 남성적인 시각에 의해 만들어진 것으로 파악하며, 따라서 '여성'이라는 단일한 해방 주체를 전제한 거대 담론을 거부한다.[53]

포스트모던 여성해방론은 이러한 근대성 패러다임이 곧 남성 중심적 패러다임이라는 것, 즉 '남근 이성 중심주의phalogocentrism'라는 것을 부각시킨다.[54] 주체와 타자, 이성과 감성, 문명과 자연 등의 계획된 이분법에서 여성은 언제나 타자이며, 감성의 노예이고 자연적 존재로서 주변화, 대상화되어 왔다는 것이다. 이러한 문제 의식은 두 가지 방향으로 발전하였다.

첫째, 타자로서의 여성성을 적극적으로 부각시키는 경향이다. 이러한 경향은 얼핏 포스트모던 여성해방론과 반대되는 것처럼 보이지만, 이는 여성들이 타자의 상태를 벗어나 주체로 서야한다는 것이 아니라, 여성의 타자성 속에서 현 질서를 변화시킬 잠재력을 발견하고자 하는 점에서 포스트모더니즘의 사상에 기초하고 있다. 이런 경향은 여성성을 긍정적인 가치로 보는 입장과 유사하지만 그 방법은 전혀 다르다고 할 수 있다.

---

53 정미라, 「여성주의와 다문화주의」, 대한철학회 논문집 『철학연구』 제 107집, 대구: 형설출판사, 2008, 59쪽.

54 남근 중심주의적 사고의 대표적인 유형으로 프로이트의 정신분석학을 들 수 있다. 프로이트는 주체적 자아를 생물학적으로 여아와 남아로 구분하는데, 이러한 구분의 기준은 남근을 중심으로 이루어져 있다. 그는 남근을 지니고 있는 남아에 대해 여아는 '남근을 가지고 있지 않은 자'로서 결핍된 자아의식을 지닌 것으로 이해한다.

둘째, '여성'이라는 범주를 해체하려는 입장이다. 포스트모더니즘의 공통된 특징인 일체의 이분법적 대립과 근대적 주체에 대한 비판을 '여성'에도 적용하여 '여성'이라는 범주 자체, 이념으로서의 여성성을 해체하는 경향이다. 즉 여성이란 구성된, 의도된 범주일 뿐 어떤 특정한 본질이나 보편적 성향을 공유하는 실체나 개념이 아니라는 것이다. 따라서 여성을 하나의 고정된 개념 범주로 구성하려는 사회적, 문화적, 언어적 요소에 관심을 가지고 그것에 대응해야 한다는 것이다. 그 결과 이들은 남성에 의해서 만들어진 여성, 즉 남성에 대립된 여성에 주목하기 보다는 여성들 내부의 차이, 그리고 여성들의 삶이나 정체성을 규정하는 본질적 성향들이 갖는 다양성을 강조하려고 한다.

> 포스트 여성주의자들은 서구의 근대적 사고가 의존해 있는 이성적인 주체성과 더불어 남성적/여성적으로 이분화된 개념에 근거해 있는 여성적 정체성을 해체시킨다. 그들에 따르면 여성과 남성에 대해 행해진 전통적인 이분법적 사고는 남성과 여성이 단순히 다르다는 사실 판단을 넘어, 오직 남성적인 것의 기준에 의해 여성적인 것을 규정할 뿐 아니라, 궁극적으로 남성적 가치를 중심으로 여성성을 비하시키는 결과를 초래했다는 것이다.[55]

그런데 이러한 이원론이나 본질주의에 대한 비판적 관점이나 다원주의적 사고는 포스트모던 여성해방론 뿐만 아니라 전체 여

---

[55] 정미라, 같은 글, 60쪽.

성해방론에 영향을 미치고 있다. 그 결과 이제 여성운동은 여성들 내부의 차이에 주목하게 되었다. 이들은 계급적인 것이든 인종적인 것이든 어떤 하나의 차이에 특별한 중요성을 부여하는 것에 반대한다. 나아가 한 여성의 정체성도 다양한 요소에 의해 규정된다는 것을 강조한다. 여성운동을 하나의 운동이나 하나의 관점으로 통합하려는 시도는 가능하지도 바람직하지도 않으며, 다양성에 기초를 두고 여러 운동이 연대하는 방식을 취해야 한다고 본다.

> 여성 혹은 인간이라는 동질성으로 환원되지 않는 차이에 대한 인식은 주변화 된 타자들, 그리고 이들의 타자성에 대한 사회적 인정과 함께 각각의 민족, 계급, 그리고 성차에 다른 다양성과 특수성을 새롭게 조명함으로써 여성해방을 위한 실천 전략과 여성주의에 관한 담론을 풍부하게 하였다.[56]

---

56 정미라, 같은 글, 61쪽.

●**지모신상** : 두 마리 고양이를 새긴 보좌에 앉은 여신. 영국의 고고학자 제임스 멜라트가 아나톨리아(현재의 터키)의 차탈 휘위크의 제2층(기원전 5,750년)에서 발견했다.

3. 동서 종교의 여성관

앞에서 모계사회의 평화와 조화의 특성을 모계사회의 특징인 '어머니 하느님' 개념, 즉 여성신 개념을 중심으로 살펴보았다. 그러나 인류 시원의 최초의 아름다운 사회는 부권에 의해, 부권이 만들어 낸 '아버지 하느님', 즉 남성신에 의해 파괴되고 부정되었다. 이 장에서는 동서 종교가 신앙하는 남성신과 그 종교 교리가 갖는 여성 억압에 대해 살펴볼 것이다.

동양과 서양에서 여성의 지위와 역할은 동서양의 각 종교에서 여성은 어떤 지위와 역할을 인정받고 있는지를 분석하면 그 전모가 밝혀질 수 있을 것이다. 우리의 상식이 지적하는 바는 동서양을 떠나서 여성은 남성의 부속물에 지나지 않았다는 사실이다. 여성의 역할에 대한 다음의 말 또한 우리의 상식이다.

"여자는 어릴 때에는 아버지에게 속하고, 젊을 때는 남편에게 속하며, 남편이 죽으면 아들에게 속한다. 여자는 결코 자립할 수 없다."

유교에서 강조하는 '삼종지도'(『예기禮記』)이기도 한 이 말은 힌

두교의 규율인 마누Manu에도 기록되어 있다고 한다. 여성 억압의 대표적인 사례이다. 불교에서도 전생의 업보로 인해 여자로 태어난다고 가르치며,[57] 플라톤은 여자로 태어나지 않은 것을 가장 큰 행운으로 여겼다. 이슬람의 여성비하는 잘 알려진 사실이다.

인간의 구원과 이상적인 삶을 지향하는 종교와 철학이 인간의 반을 차지하는 여성에 대해서는 왜 이렇게 무자비한 인식을 생산하고 있는 것일까? 미국의 종교학자이자 여성학자인 그로스는 "주요 세계 종교들(유대교 ,기독교, 이슬람교, 불교, 힌두교, 유교, 도교) 중에서 여성과 남성을 동등하게 대우하는 종교는 하나도 없다"고 주장한다.[58] 그렇다면 보편 종교를 지향하는 세계 종교가 어떻게, 무슨 이유로 여성의 지위에 대해 차별적 관점을 갖고 있는가? 그 이유는 부권을 바탕으로 한 가부장적 이념에서 찾아볼 수 있을 것이다.

가부장적 일신론은 단순히 신의 성별을 바꾸어 놓은 것만이 아니

---

[57] 붓다 시대부터 내려오고 있다는 여성차별 사상은 여성이 출가하면서 정법의 수명이 5백년 단축됐다는 정법감소설正法減少說, 여성은 성불할 수 없다는 여인불성불설女人不成佛說, 비구니는 비구에게 무조건 공경해야 한다는 팔경법八敬法 등이 있다.

[58] Rita M. Gross, *Feminism and Religion*, 김윤정·이유나 역,『페미니즘과 종교』, 서울: 청년사, 2001, 132쪽. 필자는 이 글에서 세계 종교 중에서 기독교와 유교의 여성관에 특히 많은 관심을 갖는다. 왜냐하면 그 양자가 서양과 동양의 문화와 사상을 대표하는 중교라고 보기 때문이다. 물론 동양의 종교에서 불교를 언급할 수 있으나 불교에 비해 정치, 사회, 제도적인 면에서 유교가 동양의 현실 문화 형성에 더 주도적이었다고 본다.

었다. 이 세상에서 여자의 신성을 앗아갔고, 여성으로 하여금 신의 제물이 되게 하였고, 어머니로서 또는 신성한 아버지의 딸로서만 존재하게 했다. 여성은 남편이자 아버지의 소유물이 되었고 '재고품'이 아닌 완전한 처녀로서 남성에게 와서 그에게 순결을 바쳐야 했다. 남성이 자신의 아이들을 알려면 그 아이들의 생산에 대한 통제권을 가져야만 했다. 다시 말해 아이들의 어머니를 독립적으로 소유해야 한다는 뜻이다.[59]

종교의 이념이 남성과 여성의 지위를 어떻게 규정하였는지 잘 알려주는 말이다. 아래서는 그 이념의 실체를 각 종교 속에서 살펴보고자 한다.

1) 기독교의 여성관

일반적으로 서구 세계의 성차별주의의 발단은 『성경』에서 비롯되었다고 보는 것이 정설이다.[60] 물론 유대교 및 기독교적 전통은 그 이전의 문화적 전통을 담지하고 있기 때문에 반드시 성차별의 근거가 『성경』에 있다고 보기는 어려울 수도 있다.[61] 하지만 『성

---

59 A. Rich, 같은 책, 145쪽.

60 J. S. Spong, *The Sins of Scripture*, 김준연·이계준 역, 『성경과 폭력』, 고양: 한국기독교연구소, 2007, 113쪽.

61 농경 문화와 유목 문화는 서로 다른 종교 형태를 발생시킨다. 농경 문화는 풍요로운 농산물이 생산되기를 바라는 땅의 신성성이 중요시되면서 지모신, 어머니신을 섬기는 반면, 유목 문화는 이동하면서 물과 풀을 찾아다니며 바람과 비를 관장하는 하늘의 남신을 섬기게 되었다. 이는 서양에서 하느님 사상이

경』에 의해서 성차별이 공식화되고 객관화되었다는 것을 부인하기는 어렵다. 스퐁은 다음과 같이 말한다.

> 서구 사회에서 성차별주의가 가장 만연한 기관 중의 하나가 기독교 교회다. 이는 교회 내에 깊게 널리 퍼져 있으며 매우 파괴적이다 … 여러 세기동안 여성에 대한 이러한 명백한 편견은 '교회의 신성한 전통'으로 알려져 왔다. 그것은 하나님께서 명령한 것이었고, 아무도 토를 달수 없는 하나님 의지의 표현이었다.[62]

사실 기독교의 가부장적 전통은 여성으로서는 될 수도 없고 되어서도 안 되는 '아버지' 하나님에 의해 대변된다. 미국 최대 기독교 조직인 침례교파는 여성은 목사가 될 수 없다고 하였으나 최근 반대 여론으로 여성의 목사직을 인정하였다. 그러나 담임 목사가 될 수는 없다고 못 박았는데 그 이유는 그럴 경우 남자가 여자에게 복종해야하기 때문이라는 것이다. 그들의 전통에서 볼 때 매우 합리적인 근거가 아닐 수 없다.[63]

「창세기」는 여자를 창조한 이유에 대해 말하고 있는데 이는 여

생겨난 원인에 대한 문화론적 해석이 될 수 있다. 그러나 실질적으로 그 문화적 차이는 그 문화 주체의 차이, 즉 여성과 남성의 차이에서 기인하는 것이다.

62 스퐁, 같은 책, 125쪽.

63 천주교는 교회법을 어기고 여성 사제를 임명하는 주교와 여성 사제는 파문 대상이다. 여성 사제를 반대하는 이유는 예수의 열두 제자가 남성이고, 예수가 남성이므로 남성만이 예수를 표상할 수 있으며, 교회 역사상 여성 사제는 없었다는 것이다.

성에 대한 기독교적 차별의 근거가 된다.

> 여호와 하나님이 아담의 갈빗대로 여자를 만드시고 그를 아담에
> 게로 이끌어 오시니 아담이 가로되 이는 내 뼈 중의 뼈요, 살 중
> 의 살이라. 이것을 남자에게서 취하였은즉 여자라 칭하리라 하니
> 라.(「창세기」 2:22-23)

다 알다시피 하나님은 여섯째 날에 하나님의 형상을 본 따서 인류를 뜻하는 아담을 창조하였다. 하지만 여자는 아담(남자)의 갈빗대로 만들었다는 기록은 그 후 여성에 대한 모든 차별의 근거로 활용된다. 여자는 아담을 위해서 만들어졌지만 결코 하나님의 형상을 띤 것은 아니었다. 바로 이는 여자가 하나님과도 남자와도 다른 종류로 창조되었다는 것을 의미한다. 여러 동물들과 마찬가지로 하나님은 여자를 만들어 아담에게 주었고, 아담은 다른 동물들에 이름을 붙이듯 여자란 이름을 붙였다.

> 여자는 아담을 위한 존재였다. 친구이며 보조자이며 복종하는 자
> 이고, 아담을 즐겁게 해주고 성의 상대가 되어야 한다. 즉 『성경』에
> 의하면 최초의 여성은 번식을 위한 필요 존재가 아니라 유희를 위
> 한 보조자였다. 번식은 에덴에서 쫓겨난 후의 일이었다.[64]

『성경』은 여기서 더 나아가 여자는 모든 죄악이 잉태되는 자궁이라고 선언한다. 「창세기」에 나오는 '선악과 사건'은 여자가 저지

---

[64] 스퐁, 같은 책, 122쪽.

른 죄악이 인류에게 원죄로 남아있음을 강조하고 있다. 하나님이 만든 낙원인 에덴에서의 삶은 아담과 이브에게 부족함이 없었다. 그러나 뱀의 유혹에 이끌린 이브가 에덴동산 가운데 있는 선악과를 따먹으면서부터 불복종과 변명과 부끄러움의 역사가 시작되었다.

아담과 이브는 이브로 말미암은 죄로 인해 고통과 죄악의 땅인 '에덴의 동쪽'으로 추방되었고, 죽음과 출산과 노동의 형벌을 받았다. 하나님의 말씀을 기록한 『성경』에 의하면 인간에 있어서 죄악과 죽음이라는 특징은 바로 여자의 불복종 때문이었다. 이는 역으로 기독교 문화에서 신성성이란 바로 여성 회피이다. 이 「창세기」 신화는 서구 문화의 동맥을 흐르면서 생생하게 되살아나 그 후의 모든 여성 억압의 실질적 토대가 되었다. 하나님은 여성 이브를 다음과 같이 질책하였다.

> 내가 너에게 임신하는 고통을 크게 더할 것이니 네가 진통을 겪으며 자식을 낳을 것이요, 너는 남편을 사모하고 남편은 너를 다스릴 것이다.(「창세기」 3:16)

기독교 여성 억압을 변명하는 사람들은 일반적으로 예수는 여성에 대해 편견을 갖지 않았다고 한다. 사람들이 매춘한 여성에게 돌을 던지자 예수는 "죄 없는 자 이 여성에게 돌을 던져라"고 말하며 그 여성의 죄를 용서해주었다는 것은 유명한 이야기이다. 그러나 신약 시대와 그 후의 기독교 교회는 결코 여성에 대해 우호적인 입장이 아니었다.[65] '동정녀 마리아'를 여성이 아닌 무결점의 인간으로 신격화 하면서 상대적으로 일반 여성의 위치는 타락과 죄악으로 규정되었다. 『신약성서』의 절반을 기록한 사도 바울은 「고린도전서」에서 다음과 같이 말한다.

> 모든 성도의 교회에서 함과 같이 여자는 교회에서 잠잠 하라. 저희의 말하는 것을 허락함이 없나니 율법에 이른 것 같이 오직 복종할 것이요 만일 무엇을 배우려거든 집에서 자기 남편에게 물을 찌니 여자가 교회에서 말하는 것은 부끄러운 것임이라."(「고린도전서」 14:33-34)

이보다 더한 여성 억압은 없을 것이다. 하나님의 집이라는 교회에서 여성은 침묵을 지켜야 하며, 만약 말을 한다면 이는 미성숙한 인격, 부끄러운 행위를 나타내는 것일 뿐이다. 말의 통제는 행동의 통제이며, 사상의 통제이며, 인격의 통제이다. 「에베소스」에서는 또 다음과 같이 말한다.

> 아내들이여 자기 남편에게 복종하기를 주께 하듯 하라. 이는 남편이 아내의 머리됨이 그리스도께서 교회의 머리됨과 같음이니 그

65 "어디에서나 여성의 종속적 지위가 지금까지 계속되고 있음은 마찬가지지만 … 기독교에 의해서 여성의 지위가 개선되어 온 것은 아니다. 그보다는 '서구 문화가 기독교 세계관에 저항하며' 투쟁하는 가운데 획득해낸 업적인 것이다. 기독교 발생 당시에 비하면 현대 여성의 지위는 훨씬 향상된 것임이 사실이나 결코 기독교에 힘임은 것은 아니다."(베벨, 같은 책, 70쪽)

가 친히 몸의 구주시니라. 그러나 교회가 그리스도에게 하듯 아내들도 범사에 그 남편에게 복종할지니라.(「에베소스」 25:22)

또 「디모데전서」에서는 다음과 같이 말한다.

여자는 일절 순종함으로 조용히 배우라. 여자의 가르치는 것과 남자를 주관하는 것을 허락지 아니하노니 오직 종용할지니라. 이는 아담이 먼저 지음을 받고 이브가 그 후고, 아담이 꾀임을 보지 아니하고 여자가 꾀임을 보아 죄에 빠졌음이니라. 그러나 여자가 만일 정절로써 믿음과 사랑과 거룩함에 거하면 그 해산함으로 구원을 얻으리라.(「디모데전서」 2:11-15)

예수의 수제자이며, 초대 교황인 베드로도 여자의 역할에 대해 오직 남편을 공경하라고 역설하며, 남편을 위해 아름다운 치장을 하라고도 말한다. 그러나 그 치장은 금은 보화로 하는 것이 아니라 오직 남편에게 순종함으로 하는 것을 의미했다.

아내 된 자들아 이와 같이 자기 남편에게 순복하라. 이는 혹 도를 순종치 않는 자라도 말로 말미암지 않고 그 아내의 행위로 말미암아 구원을 얻게 하려 함이니 … 너희 단장은 머리를 꾸미고 금을 차고 아름다운 옷을 입는 것으로 하지 말고 오직 마음에 숨은 사람을 온유하고 안정한 심령의 썩지 아니할 것으로 하라. 이는 하나님 앞에 값진 것이니라. 전에 하나님께 소망을 두었던 거룩한 부녀들도 이와 같이 자기 남편에게 순복함으로 자기를 단장하였나니

사라가 아브라함을 주라 칭하여 복종한 것 같이 너희가 선을 행하고 …(「베드로전서」 3:1-6)

오늘날에도 유대교와 기독교의 전통을 이어받은 헤브라이 남자들은 매일 "저를 여자로 만들지 않으신 우리 주 하느님이여, 축복을 받으소서."라는 기도를 배운다고 한다. 『성서』를 기록한 사람들과 기독교 지도자들은 창조설을 바탕으로 여자에 대해 매우 경멸적인 태도를 보이고 있다. 그들은 종교를 이용하여 여자들이 수동적이고 열등한 존재라는 역할에서 벗어나지 못하게 했으며, 그 결과 여자를 남자의 소유물로 쉽게 통제하려고 했다. 세월이 흐른 지금, 여자들의 지위와 신분이 계속 변화해왔음에도 교회는 남성 지배적인 사회를 만들고 유지하는 목표를 고수하고 있는 듯하다.

기독교의 여성관은 분명하다. 아담 이래 여성은 남성의 부산물이며, 남성을 고통스럽게 한 원인이다. 그러한 『성경』의 기록은 '아버지' 하나님에서 비롯된 남성 우월주의가 낳은 필연적 결과이다. 기독교는 그들의 신앙 대상을 아버지로 한정함으로써 그 후의 사제와 목사는 남성의 권위를 유지하고 확대시키는 전통을 쌓기에 전념했다. 하나님은 만물의 아버지로, 남자는 가부장적 아버지로 여성과 다른 존재였다. 하늘과 아버지 하나님과 남자 목사, 이것이 기독교 역사가 대변하는 여성관이다. 이 뒤에 살펴볼 것처럼 이는 하늘 중심, 양陽 중심, 남성 중심의 문화였다. 기독교 여성관은 동양의 유교적 여성관과 결코 다르지 않았다.

2) 유교의 여성관

유교의 여성 억압은 고대에서 현대까지 계속된 현상이다. 다른 종교들이 여성에 대한 차별의 정도가 개선되고 있는데 비해서 유교는 여전히 그 전통적 인식에서 벗어나지 않고 있다. 삼종지도三從之道나 칠거지악七去之惡(혹은 七出之惡)은 과거의 유물이 아니라 오히려 여전히 현재의 남녀 관계를 지배하는 상식은 아닌가? 최근 중국 유교의 마르틴 루터라고 불리는 강유위(1858~1972)는 자신의 『대동서』에서 유교의 혁신적인 개혁을 주장하고 있다. 그는 그 책 속에서 남녀평등을 다룬 부분에서 '부녀의 괴로움', '여자의 고통은 고금을 통하여 구제한 사람이 없음을 논하다' 등의 장 제목을 사용하고 있다.[66] 가히 여성해방론의 선구자라 할만하다. 그는 고금의 중국 여성관의 실상을 고발하고 있는 것이다.

여성학을 꾸준히 연구한 이은선 교수는 공자(유교)와 페미니즘(여성)의 관계를 견원지간이라고 표현한다.[67] 사실 여성과 공자의 관계가 우리 사회에서 단편적으로 드러난 사건은 '호주제 폐지'에

---

66 한국유교학회 편, 『유교와 페미니즘』, 철학과 현실사, 2001, 19쪽 참조.
67 한국유교학회 편, 같은 책, 29쪽.

서었다.[68] 보수적 유교 단체는 호주제 폐지를 사회 질서의 근간을 흔드는 부정적 운동이라고 여겼고, 여성 단체에서는 호주제 폐지야말로 남녀평등으로 가는 지름길이라고 주장한다. 아마도 호주제가 가부장제를 상징하는 대표적 제도라고 생각하기 때문일 것이다.

공자는 다음과 같이 말하고 있다.

唯女子如小人爲難養也. 近之則不遜, 遠之則怨.[69]

유독, 여자와 소인은 다루기 어렵다. 조금만 가까이 하면 공손치 못하고, 조금만 멀리하면 원망을 한다.

이 말은 공자의 대표적인 여성비하 발언으로 알려져 있다. 아마 그래서 공자 집안이 삼대에 걸쳐서 부인을 축출했는지도 모르겠다. 공자의 의식 속에 여성은 소인과 격을 같이 한다. 알다시피 공자에게서 소인은 군자와 상반되는 인격을 가진 자로 열등하고 비천하며 무식한 자를 가리킨다. 여성 전체를 소인과 동일시하는 발언에서 공자의 여성관을 읽을 수 있다.

『맹자』「동문공편」上 4장에 나오는 오륜 중에서 '부부유별夫

---

68 한국사회에서 여성의 지위는 비록 현상적이긴 하지만 꾸준히 진보되어 왔다. 1987년 '남녀고용평등법', 1989년 '모자보건법', 1992년 '성폭력특별법', 1999년 '남녀차별금지법' 등은 이를 증명한다. 대학에서 여성학 강의가 개설되는 등 그 문제 의식도 일반화되고 있다.

69 『논어』「양화」편 25장쪽.

婦有別'은 페미니스트들이 유가를 비판할 때 자주 언급하는 대표적인 사상이다. 아내와 남편은 서로 분별이 있어야 한다는 것은 남성과 여성의 역할이 엄격히 구분되어 있으며, 그 구분을 잘 지키는 것이 인간의 삶을 바르게 하는 중요한 규범이라는 뜻이다.

『주역』 '가인괘家人卦', '귀매괘歸妹卦'의 남녀관에서도 여성에 대한 평가가 어떠한지를 알 수 있다. 그 중 가인괘는 남녀유별을 강조하는 내용으로 이루어져 있다. 이에 대해 「단彖」은 "가인은 여자가 안에서 자리를 바르게 하고 남자는 밖에서 자리를 바르게 하니, 남녀가 바르게 함이 천지의 큰 의리라. … 지아비는 지아비 노릇을, 지어미는 지어미 노릇을 하여야 집안의 도가 바르게 되리니, 집안을 바르게 하여야 천하가 안정되리라."[70]고 하였다. 맹자의 부부유별에서 더 나아가 남녀유별을 강조하고 있다.

●가인괘(좌)와 귀매괘(우)

『주역』「계사전」上의 첫 구절은 "天尊地卑 乾坤定矣 卑高以 陳 貴賤位矣…"라고 시작하고 있다. 그 뜻을 풀이하면 "하늘은 높고 땅은 낮으니 건곤이 정해지고, 높고 낮음이 펼쳐져 있으니 귀하고 천한 것이 자리 잡고…"이다. 유

---

70 "彖曰 家人, 女正位乎內, 男正位乎外, 男女正, 天地之大義也. (家人有嚴君焉, 父母之謂也. 父父, 子子, 兄兄, 弟弟,) 夫夫, 婦婦, 而家道正, 正家而天下定矣."

가에서 하늘과 땅의 대비는 건과 곤으로, 왕과 신하로, 남과 여로, 남편과 아내로 대비된다. 곧 천존지비는 남존여비 사상의 근거가 되었다.

이러한 남녀관은 그 후 중국의 전 역사를 흐르고 있는 보편적 관점이라고 할 수 있다. 그렇다면 왜 이처럼 유교적 여성관이 특별히 여성비하적인가? 물론 거기에는 다양한 원인이 있다. 그 중에서 가장 설득력 있는 논의 중의 하나는 동양 사상의 전통 속에서 음과 양의 논리를 인간과 사회의 구성원에 적용하여 지배자와 피지배자, 남과 여, 부모와 자식 등으로 이분화 하여 설명하는 점이다. 우주론적 근거에 기반을 두어 인륜을 정당화하고자 한 한대漢代 유학에서는 우주 자연과 인륜 질서를 관통하는 개념으로 음양 개념을 제시하면서 인간이 구현해야 할 당위 질서를 자연계의 운행 원리에 토대를 두고서 설명해낸다.[71]

동중서는 음양 논리를 남녀 차별의 기제로 이용한 대표적인 사상가이다. 그는 『춘추번로春秋繁露』에서 선진 시대의 역사 사건들을 해석하면서 음양과 오행의 원리를 그 논저에 깔고 있다. 즉 그는 음양오행설을 바탕으로 '천인감응'의 해석을 하고 있는데, 이는 천지의 음양 논리가 곧 인간과 사회의 음양 논리로 연관되어 해석되어야 한다는 주장이다.[72] 이는 『춘추번로』의 몇몇 편의 제목과

71 김미영,『유교문화와 여성』, 살림, 2004, 15쪽.
72 동중서의 『춘추번로』를 번역한 신정근은 그 책의 서문에서 "『춘추번로』

그 소제목을 읽어보면 금방 확인된다. 동중서는 다음과 같이 말한다.

땅이 구름을 내어서 비가 되며, 기를 일으켜서 바람이 된다. 바람과 비는 땅이 행한 것이다. 그러나 땅은 감히 자신에게 공명이 있다고 하지 않고 반드시 하늘에게 그것을 바친다. 이는 천명을 따라 이루어지는 것과 같다. 그러므로 하늘의 바람, 하늘의 비라고 말하지, 땅의 바람, 땅의 비라고 말하지 않는다. 힘쓰는 것은 땅이지만 명성은 줄곧 하늘에 돌려지니 지극한 의리가 있지 않다면 어떻게 이것을 행할 수 있겠는가 … 그러므로 천지의 정수를 미루어보고 음양의 부류를 운행하여 이치에 따르고 거스리는 것을 구별하니 어느 곳에 덧붙여져서 존재하지 않겠는가.[73]

●동중서

동중서의 이러한 주장은 단지 하늘과 땅의 논리를 벗어나 음과 양의 논리로 인간 사회의 다양한 관계를 정립하는 것에 적용된다. 문제는 동중서 이후 음양 논리가 남녀 관

는 많은 편에서 음양의 의미 변화, 상관관계를 다루고 있습니다. 이 중 '음양'을 편명에 제시하고서 그것을 집중적으로 다루는 곳이 모두 6곳입니다. 예를 들자면 제43편 〈양존음비〉, 제48편 〈음양종시〉, 제49편 〈음양의〉 … 음과 양은 주로 사회적 역할 관계에서 남존여비, 군존신비의 주장을 입증하는 데 쓰이고 있습니다."(동중서, 『춘추번로春秋繁露』, 신정근역, 『동중서의 춘추번로, 춘추-역사해석학』, 서울: 태학사, 2006, p.18쪽)

[73] 동중서, 같은 책, 「오행대」, 제38.

계의 위계 질서를 규정하는 가장 근본적인 토대가 된다는 점이다. 그래서 김미영은 『유교문화와 여성』에서 다음과 같은 결론을 말한다.

> 이 당시(한대) 사회에도 음양론에 의거한 성 위계화가 엄격하게 적용되었기 때문이다. 동양 사회에서 여성 섹슈얼리티에 관통되어 있는 권력 관계를 보기 위해서는 이러한 법적인 제도보다는 성 역할론을 지지해주는 토대로서의 음양론에 관심을 기울여야 한다.[74]

이처럼 유교의 여성관은 음양 논리를 중심으로 한 양존음비, 그리고 이러한 철학적 논리를 바탕으로 한 남존여비 사상에서 잘 드러난다. 동중서는 『춘추번로』 43편 〈양존음비〉에서 "남성은 비록 비천하다고 하더라도 모두 양

●**중국의 여성상** : 5세기 북위에서 만든 옻칠을 한 나무병풍에는 순의 왕비인 아황과 여영을 비롯해 특별한 의미를 지니는 여인들이 그려져 있다. 그 중 한사람이 걸출한 지식인의 첩인 반비班妃이다. 이여인은 남녀유별을 강조한 규율을 깨뜨리지 않기 위하여 황제인 성제(기원전 37~ 7년)와 가마를 함께 타기를 거부한 것으로 유명하다.

---

74 김미영, 같은 책, 23쪽.

에 해당되고, 여성은 비록 고귀하다고 하더라도 모두 음에 해당된다."[75]고 말한다. 이처럼 중국 유학의 기틀을 세운 동중서에게서부터 남성 중심주의가 우주의 음양 논리를 바탕으로 나타나고 있으며, 이러한 사상은 그 이후의 모든 사회 관계와 남녀 관계를 지배한다고 해도 과언이 아니다.

기독교와 유교는 지리적, 문화적, 역사적 여건이 달랐음에도 여성관은 서로 비슷하다. 그러한 유사성의 배경에는 남존여비라는 음양적 사고가 존재한다. 아버지 중심의 서양 기독교와 천존, 그리고 남존 사상의 동양 유교는 필연적으로 여성 억압적, 여성 비하적 경향으로 흐를 수밖에 없었다.

3) 불교의 여성관

불교는 여성에 대해 어떤 관점을 가지는가에 대해 말할 때 먼저 떠오르는 생각은 출가자는 결혼하지 않는다는 사실이다. 붓다가 출가할 당시를 보더라도 그는 아내를 버리고 수행의 길을 떠난다. 이러한 사실들은 불교가 여성에 대해 자연스러운 생각을 하고 있지 않다는 것을 알려준다. 사실 깨달음에 남녀가 차별한가라는 물음에 대해 원리적으로는 그렇지 않다고 말하지만 현실적으로는 그렇다는 것이 불교의 답이 아닌가 싶다.

---

75 동중서, 같은 책, 565쪽.

그러나 존재하는 모든 것에 불성이 내재한다고 말하는 붓다가 남녀를 차별했다고 생각하는 것은 어딘지 어색하다. 모든 것에 불성이 있다면 남성에게도 여성에게도 불성이 존재한다는 것이고, 그런 생각은 남녀평등에 가까운 생각이 아닌가 하는 것이다. 그럼 왜 시타르타는 아내를 버렸으며, 출가자는 결혼을 하지 않는가? 간단한 이유는 여성이 해탈에 도움이 되지 않는다는 것이다. 그리고 이러한 생각은 불교가 여성에 대해 점차 왜곡된 시각을 갖게 되는 이유가 아닐까.

현재 한국을 제외한 여러 불교 국가들에 있어서 비구니 승단을 공식적으로 인정하고 있지 않고 있으며, 한국에 있어서도 비록 여성 승려, 즉 비구니 승단을 인정하고 있기는 하지만 남성 승려들에 비교에서 양과 질에 있어서 공평한 대우를 받는다고 말하기는 어렵다.[76] 불교가 발생할 당시 인도의 사회 제도에 비추어 보더라도 불교가 여성에 대한 당시 사회적 인식에서 자유로울 수 없다는 것은 분명하다. 그러한 전통은 지금까지 이어지고 있으며, 불교가 여성에 대해 결코 남성과 평등한 관점을 갖고 있지 않다는 것은 몇몇 불교 사상들을 살펴보면 분명히 드러난다.

붓다 시대부터 내려오고 있다는 여성 차별 사상은 비구니는 비구에게 무조건 공경해야 한다는 팔경법八敬法, 여성이 출가하면

---

76 리영자, 『불교와 여성』, 서울: 민족사, 2001, 100쪽 참조.

서 정법의 수명이 5백년 단축됐다는 정법감소설正法減少說, 여성은 성불할 수 없다는 여인불성불설女人不成佛說 등이 있다는 것은 잘 알려진 사실이다.

여성도 출가할 수 있도록 해 달라는 제자 아난다의 요청에 붓다는 팔경법의 전제 하에 여성의 출가를 허락하였다고 한다. 그 팔경법은 100세의 비구니라도 새로 수계를 받은 비구를 보면 일어나서 맞이하고 정좌에 앉게 해야 한다는 것, 그리고 비구니는 비구를 비난할 수 없다고 명시하는 것이며, 나아가 비구가 없는 곳에서 비구니는 하안거를 할 수 없다는 내용도 있다. 이처럼 팔경법은 여승이 남승에 비해 종속적이며 부족한 능력을 갖는다는 내용이다. 붓다가 이러한 계율을 직접 정했다는 것은 확인할 수 없지만, 후대에 첨가되었다고 가정하더라도 적어도 이 팔경법이 불교의 여성관을 잘 말해주고 있는 것은 분명하다.

그 이후 부파 불교에 오면 여성은 성불하지 못한다는 여인불성불설女性不成佛說이 나타나게 된다.[77] 이 시대에는 붓다를 이상화하고 신격화하는 작업이 이루어지는데 그 중의 하나가 붓다의 신체를 32개의 모습으로 정형화하는 것이었다. 즉 붓다는 보통 사람과는 다른 모습을 하고 있으며 32상相을 갖는다는 것이다.[78] 이 32

---

[77] 리영자, 같은 책, 143쪽 참조.

[78] "得大神通하야 身出光明하고 飛行自在하며 志念이 堅固하고 精進智慧하야 普皆金色이라. 三十二相으로 以自莊嚴하며 … "(『법화경』 「오백제자수기품」) 즉 "(부처는) 큰 신통을 얻어 몸에서 광명이 나고, 자유 자재하게 날아다니며,

상 가운데 제10 '음마장상陰馬藏相'이 있는데 이는 '여래의 남근이 말의 성기처럼 감추어져 있다는 것'이다. 그러나 이러한 모습은 남근이 없는 여성에게는 불가능한 모습이며, 따라서 여성은 여래가 될 수 없다는 것을 뜻한다. 즉 오직 남성만이 여래가 될 수 있다는 말과 같다.

종종 기독교의 『신약성서』와 비교되는 불교의 경전으로 『법화경』을 이야기 한다. 『묘법연화경』의 약칭인 『법화경』은 대승불교의 가장 중요한, 그리고 가장 널리 읽혀진 경전 중 하나이다. 이 경전에 다음과 같은 구절이 있다.

> 여자의 몸에는 다섯 가지 장애가 있나니, 첫째, 범천왕이 되지 못하고, 둘째, 제석천왕이 되지 못하며, 셋째, 마왕이 되지 못하고, 넷째, 전륜성왕이 되지 못하며, 다섯째, 부처가 되지 못하는 것이 그것이니라. 어떻게 여자의 몸으로 빨리 성불할 수 있겠느냐.[79]

이는 여인불성불설을 지지하는 또 하나의 관점인 여인오장설女人五障說이다. 즉 여성은 다섯 가지 장애가 있어서 제석천·범천·마왕·전륜성왕·부처가 될 수 없다는 것을 말한다. 오장의 이유는 다

생각이 견고하여 정진하며 지혜가 있고, 몸은 모두 금빛이고, 32가지 몸매로 장엄하리라."는 내용이다.

[79] 『법화경』 「제바달다품」 "又女人身은 猶有五障하니 一者는 不得作梵天王이오 二者는 帝釋이요 三者는 魔王이요 四者는 轉輪聖王이요 五者는 佛身이라 云何女身으로 速得成佛이리요."

섯 가지이다. 첫째, 여인은 악하고 교태가 많은 까닭에 제석천이 될 수 없다. 둘째, 여인은 음란 방자하여 절제가 없는 까닭에 범천이 될 수 없다. 셋째, 여인은 경만 불순하고 정교正教를 훼실하는 까닭에 마천魔天이 될 수 없다. 넷째, 여인은 숨기는 태도가 84가지여서 청정행이 없는 까닭에 전륜성왕이 될 수 없다. 다섯째, 여인은 색에 집착하고 겉모양과 속마음이 다른 까닭에 부처가 될 수 없다. 이 여성오장설은 여성은 그 자체 불안전한 인격체이므로 결코 성불할 수 없다는 것을 강조한 것이다. 『법화경』에서는 단도직입적으로 다음과 같이 말한다.

> 이 때 사리불이 용녀에게 말하였다. "그대는 오래지 않아 위없는 도를 얻으리라 생각하나, 나는 그 일을 믿기 어렵노라. 그 까닭을 말하면, 여자의 몸은 때 묻고 더러워서 법의 그릇이 아니거늘 어떻게 위없는 보리를 얻겠는가."[80]

그 후 여인불성불설을 완화하여 생긴 사상이 변성성불사상變性成佛思想이다.[81]

즉 위에서 말한 여성이 성불할 수 없다는 사상은 초기 대승불교 시대에 이르러서는 여자 몸을 바꾸어 남자로 변하여 성불한다

[80] 『법화경』「제바달다품」 "時에 舍利弗이 語龍女言호대 汝謂不久에 得無上道는 是事難信이라 所以者何오 女身은 垢穢하야 非是法器라 云何能得無上菩提리요."
[81] 리영자, 같은 책, 145쪽 참조.

는 변성성불설을 낳게 된다. 앞에서 본 것처럼 『법화경』「제바달다품」에서 사리불이 용녀에게 여자에게는 다섯 가지 장애가 있어 성불할 수 없다고 하자 용녀는 남자 몸으로 변하여 성불하게 된다. 여성으로서는 도저히 성불할 가능성이 없으므로 남성이 되어서 성불하게 된다는 것은 한편 여성이 성불할 가능성을 열어놓은 점에서 남녀평등으로 한 발 나아간 사상이긴 하지만 여전히 불교의 여성관을 대변하기는 마찬가지다. 즉 이는 여성이 성불할 수 있다는 것이 아니라 남성이 된 여성, 즉 남성만이 성불할 수 있다는 말과 같다

이처럼 불교에도 남성 중심적 사고와 교리가 그 바탕에 깔려있다. 붓다가 남성이었다는 현실적 사건은 하나님 '아버지'와는 다른 관점이기는 하지만 왜 하필 붓다는 남성이었을까 하는 물음은 여전히 남는다. 특히 변성성불설에서 볼 때 불교적 사고가 얼마나 반여성적이고, 남성 중심적인지 잘 보여준다.

4) 이슬람교의 여성관

이슬람교는 무함마드를 예언자로 하는 유일신 종교로, 기독교 · 불교와 함께 세계 3대 종교의 하나이다. 우리나라에서는 회교라고 부르는데 이는 중국에서 이슬람을 회회교라고 부른데서 유래한다. "이슬람"의 뜻은 복종, 순종이다. 이슬람을 믿는 신자

는 남성일 경우 무슬림이라고 하고 여성일 경우 무슬리마라고 한다. 이슬람교의 경전은 『꾸란(코란)』이며, 이는 예언자 무함마드가 천사 지브릴로부터 받은 알라의 말을 기록한 것이라고 한다. 이슬람의 대표적인 종파로는 사우디아라비아가 대표하는 순니파와 이란이 대표하는 시아파가 있다. 순니파는 전체 무슬림 인구의 80~90%를 차지하며 시아파는 10~20%를 차지한다.

종교적 의미에서의 이슬람은 하나님의 뜻에 순종하고 하나님의 법에 복종함을 뜻한다. 그렇게 할 때 진정한 평화를 실현하고 청결을 지속시킬 수 있기 때문이다. 당연한 말이지만 이슬람은 어느 특정 개인이나 국민 혹은 국가에게만 임무를 부여하는 것이 아니다. 이슬람의 교리는 모든 인류에게 해당되며, 이슬람교는 인류에게 보내진 영구불변의 종교이다. 즉 이슬람교는 예언자 무함마드가 모든 인간들에게 하나님의 복음을 전파하여 인간을 광명으로 이끌어 주는 보편 종교인 것이다. 그럼에도 불구하고 이러한 보편 종교와 보편적 복음을 주장하는 이슬람교에서 여성은 결코 남성과 평등한 존재로 인정되지 않는다.

여성 억압을 이야기할 때 가장 먼저, 혹은 가장 자연스럽게 떠오르는 종교가 이슬람교라는데 아마도 대부분 동의할 것이다. 그 이유 중에서 여성이 늘 쓰고 다니는 챠도르 혹은 히잡이라는 베일[82]과 일부다처의 결혼제도를 들 수 있을 것이다. 물론 이는 모두

82 히잡hijab은 아랍어로 베일veil이란 뜻이다. 히잡은 무슬림 여성들이 쓰는 머

이슬람교의 경전인 『꾸란』[83]에 기록되어 있는 내용이다. 히잡에 대해서는 다음과 같은 구절이 있다.

> 그대의 아내들과 딸들과 믿는 여성들에게 베일을 쓰라고 이르라. 그 때는 외출할 때라. 그렇게 함이 가장 편리한 것으로 그렇게 알려져 간음되지 않도록 함이라.(『꾸란』 33:59)

이처럼 이슬람의 신 알라는 모든 여성들에게 베일을 씀으로써 순결한 삶을 유지하기를 가르치고 있다. 이러한 내용은 다음의 구절에서도 잘 나타난다.

> 믿는 여성들에게 일러 가로되 그녀들의 시선을 낮추고 순결을 지

리 스카프를 이른다. 무슬림은 히잡을 종교와 여성성의 상징으로 간주한다. 히잡은 원래 다양한 스타일과 색상이 있다. 유럽에 살고 있는 무슬림 여성들이 가장 일반적으로 쓰는 히잡은 사각형 스카프로, 머리와 목을 가리지만 얼굴은 가리지 않는다. 니카브niqab는 얼굴을 가리는 베일인데, 눈은 보이도록 한다. 그러나 니카브는 별개의 눈가리개(eye veil)와 함께 착용하기도 한다. 니카브는 머리 스카프와 함께 쓴다. 부르카burqa는 이슬람의 베일 중 가장 심하게 가리는 의상이다. 부르카는 얼굴과 몸 전체를 가린다. 눈 부분은 망사로 된 가리개를 착용한다. 알 아미라al-amira는 두 부분으로 이루어진(two-piece) 베일이다. 알 아미라는 보통 무명 또는 폴리에스테르로 된 꼭 끼는 두건과 튜브 모양의 스카프로 이루어져 있다. 샤일라shaylaa는 길고, 직사각형의 스카프인데 주로 걸프지역 여성들이 착용한다. 샤일라는 머리를 감싸고, 어깨 부분은 걷어 올려서 두르거나 핀으로 고정시킨다. 키마르khimar는 긴 어깨 망토 모양이며 허리까지 내려온다. 머리카락, 목, 어깨는 완전히 감추지만 얼굴은 드러낸다. 이란 여성들이 외출할 때 두르는 챠도르chador는 몸 전체를 감싸는 외투인데, 때때로 작은 머리 스카프를 그 밑에 쓰기도 한다.

83 이 책에서 『꾸란』의 인용은 최영길이 번역한 이슬람교 경전 한국어번역 『꾸란』(사우디아라비아 파하드 국왕 꾸란 출판청)에 근거하고 있다.

키며 밖으로 드러내는 것 외에는 유혹하는 어떤 것도 보여서는 아
니 되니라 그리고 가슴을 가리는 머릿수건을 써서 … 남편과 그
녀의 아버지와 … 성욕을 갖지 못한 하인과 그리고 성에 대한 부
끄러움을 알지 못하는 어린이 외에는 드러내지 않도록 하라.(『꾸
란』 24:31)

베일은 여성이 남편 이외의 다른 남성에게 유혹적인 외모를 보
이지 않기 위해 사용되는 일종의 억압의 상징이다. 위 구절에서 보
듯이 베일은 성과 직접 관련이 있다. 여성의 아름다움은 그 자체
성적 유혹의 상징이므로 가려지고 은폐되고 부정되어야 한다는
것이다. 이는 나이가 들어 성생활을 원하지 않는 여성들에게 유혹
하는 부분을 제외하고는 겉옷을 벗어도 죄가 아니라는 구절(『꾸란』
24:60)에서 베일이 여성에게 왜 필요한 지를 잘 알 수 있다.

일부다처제에 대해서도 이슬람의 경전인 『꾸란』에 분명히 나와
있다.

만일 너희가 고아들을 공정하게 배려하여 줄 수 없을 것 같은 두려
움이 있다면 좋은 여성과 결혼하라. 두 번 또는 세 번 또는 네 번도
좋으리라.(『꾸란』 4:3)

여기서 볼 때 조건절이긴 하지만 이슬람교에서 남성이 여러 여
성과 결혼하는 것을 허용하고 있다. 물론 일부일처제가 여성을 덜
억압한다고 할 수는 없지만, 하나의 남성이 여러 여성을 아내로

맞이할 수 있다는 것은 여성의 입장에서 유쾌한 제도가 될 수 없
다는 것은 분명하다. 더 나아가『꾸란』은 다음과 같이 말한다.

> 남성은 여성의 보호자라. 이는 하나님께서 남성들에게 여성들보
> 다 강한 힘을 주었기 때문이라. 남성은 여성을 그들의 모든 수단
> 으로써 부양해야 하고 건전한 여성은 헌신적으로 남성을 따를 것
> 이며 남성이 부재 시 남편의 명예와 자신의 순결을 보호할 것이라.
> 순종하지 아니하고 품행이 단정하지 못하다고 생각되는 여성에게
> 는 먼저 충고를 하고 그 다음으로는 잠자리를 같이 하지 말 것이며
> 그 다음에는 가볍게 때려 줄 것이라.(『꾸란』 4:34)

이러한『꾸란』의 구절은 남성 우월주의에 대한 분명한 입장을
보여주고 있다. 하나님이 인간을 창조할 때 남성을 여성보다 훨씬
우월하게 창조했다는 것은 이슬람교의 여성관을 분명하게 보여
준다.

『꾸란』의 여성 억압적 구절에 반해 남녀평등에 관한 구절들이
있음을 예로 들면서 이슬람교가 여성 억압적 종교가 아니라는 주
장을 하기도 한다. 그 대표적인 구절은 다음과 같다.

> 사람들이여 주님을 공경하라 한 몸에서 너희를 창조하사 그로부
> 터 배우자를 두어 그 둘로 하여금 남녀가 풍성히 번성토록 하였노
> 라.(『꾸란』 4:1)

이 구절에 의하면 한 몸에서 사람을 창조했다는 것이다. 여기서 한 몸은 영혼, 자신, 의지 등으로도 이해된다고 한다.[84] 즉 이 구절은 기독교처럼 남성 아담에서 여성 이브를 창조한 것이 아니라 남성과 여성이 한 몸, 혹은 한 영혼에서 동시에 창조되었다는 것을 의미한다. 창조의 순서나 방법에서 볼 때 기독교와 달리 이슬람교는 남녀평등에 대한 근거를 가지고 있는 듯하다. 그러나 평등한 창조에 그친다. 그 후 남녀는 분명히 구분되고 불평등한 관계에 있다. 이는 앞서 인용한 내용, 즉 같은 4장에서 남성이 여성의 보호자라는 내용에서 알 수 있다. 나아가 여성에게 베일을 강요하는 것이 결국 여성의 남성에 대한 성적 자극을 방지하는 차원이며, 이는 여성의 몸을 유혹하는 도구로 본다는 것이다.[85] 이 점에서 기독교적 여성관과 별로 다르지 않다고 판단된다.

---

84 『꾸란』 546쪽.

85 오은경, 『베일속의 이슬람과 여성』, 서울 : 프로네시스, 2006, 120쪽 이하 참조.

4. 여성 억압의 사례들

1) 마녀 사냥

마녀 사냥이란 말을 듣는 순간 무언가 섬뜩한 느낌을 받게 된다. 중세 유럽의 마녀 사냥은 여성에 대한 종교적 억압과 정치적 억압, 양자의 관점에서 분석될 수 있다.[86] 그러나 반드시 중세의 일만은 아니다. 현재 우리는 마녀 사냥이란 말을 자주 사용하는데, 이는 소수에 대한 다수의 억압과 폭력을 지칭하는 말이다. 그러나 중세의 마녀 사냥은 여성을 마녀로 몰아 살해한 비극적 사건을 말한다.

마녀는 다양하게 정의되는데 공통점은 "마녀는 악마와 결탁함으로써 자신의 목적을 이루려고 하는 자"이며, "마녀는 악마와 동

---

[86] 정치적 억압은 마녀로 몰려 처형된 잔 다르크의 예에서 알 수 있다. 영국과 프랑스의 백년 전쟁에서 20세의 시골 처녀 잔 다르크가 프랑스를 승리로 이끌자 영국은 그녀의 힘이 요술에서 나온다고 소문을 내고 이단으로 몰아 그녀를 마녀 재판에 회부되도록 하였다. 이는 오직 전쟁에서 승리하기 위한 영국 측의 정치적 책략이었다.(모리시마 쓰네오, 조성숙 역, 『마녀사냥』, 서울: 현민시스템, 1997, 58쪽 참조.)

맹을 맺고 악마의 도움을 이용하여 불가사의를 행하는 것에 동의하는 자"이다.

여성 억압으로서 마녀 사냥은 기독교의 남성 우월 사상과 밀접한 관련이 있다. 어쩌면 하나님이 창조한 최초의 인류인 아담과 이브의 관계에서 이미 마녀 사냥이 시작되었는지도 모른다. 왜냐하면 『성경』에서 이브는 남자를 범죄로 이끄는 존재이며, 사탄의 유혹에 쉽게 넘어가는 존재이기 때문이다.

동경대학에서 과학사상사를 전공한 모리시마 쓰네오는 오랜 기간 '이단 심문'에 관심을 가지고 있던 중에 마녀 사냥이란 책을 출판하였다. 마녀 사냥 역시 이단 심문의 한 예이기에 자연스러운 것이었다. 그는 마녀 사냥의 과정을 다음과 같이 간략하게 설명한다.

●**마녀에 대한 고문과 화형** 15세기~18세기까지 400여년동안 마녀사냥으로 수백만명의 여성이 '마녀'라는 이름으로 희생되었다.

1600년을 중심을 하는 일세기 동안은 바로 '마녀 선풍'의 기간이었다. 이 기간을 절정으로 하는 마녀 선풍은 13세기 무렵에 프랑스에서 불기 시작하여 결국 모든 그리스도 국가, 즉 서유럽 전역을 황폐화시키고 17세기 말에 그 여파가 신대륙 아메리카에 퍼진 후 급속하게 진정되었다. 그리하여 수만, 수십만의 마녀가 교살당하고, 혹은 교살당한 후에 불태워지고, 또는 살아있는 채로 불태워져 죽었다.[87]

그는 『마녀사냥』에서 마녀는 역사의 시원에서 함께 했다고 주장한다. 그리고 비록 역사상 마녀 재판이 많이 있었으나 이는 마녀 자체에 대한 처벌이 아니라 주술을 사용하여 사람을 죽게 하였을 때 그 범죄 일반에 대해 탄압하였다는 것이다. 그러나 이러한 관용적인 태도는 교회의 타락과 남프랑스를 중심으로 교회의 타락에 맞선 종교 개혁이 일어나면서 급변했고, 마녀는 종교 이단자를 처단하는 과정에서 새로운 이단자로 몰려 비참하게 살해되기에 이르렀다.[88]

교황은 이단 심문관을 파견하여 마녀를 색출했고, 색출되거나 신고 된 마녀들은 어김없이 사형에 처해졌다. 종교 재판이 있었으나 이는 단지 명분이었고 마녀로 불리어진 모든 여자들은 그 순간 사형이 결정되었다. 그리고 그러한 결정은 고문에 의해 자백되

---

87 쓰네오, 같은 책, 11쪽.
88 쓰네오, 같은 책, 18쪽 이하 참조.

었고, 결국 절차에 따라 마녀가 되었으며, 처형되었다.

이러한 마녀 재판, 마녀 생산의 이론적 토대가 된 책이 『마녀의 망치』인데, 이 책의 저자는 모두 도미니크 수도회 출신의 수사이면서 이단 심문관이 된 사람이었다. 이는 마녀 사냥의 주체가 가톨릭 소속의 정통 수도회 출신의 수사이며, 그들이 교황에 의해서 이단 심문관으로 임명되었다는 것을 말해준다. 그들에게 여성은 마녀이며, 마녀는 여성이었다. 즉 여성은 마녀의 상징이었다. 여성이 마녀로서 희생되었된 수를 비교해 보면 여성들이 75%를 넘는다. 특히 영국에서 1560~1675년 까지, 그리고 독일의 비슷한 시기

●마녀에 대한 고문 장면

에 마녀로 희생된 여성은 90%를 넘었다.[89]

이들을 마녀로 만드는 가장 효과적인 방법은 바로 고문이다.

물 고문, 불 고문, 굶기기 등 가장 고통스러운 방법들이 동원되었다. 팔다리 관절 부러뜨리기, 바늘 의자에 앉히기, 짠 음식주고 물 안주기 등등 … 가장 고통스러운 고문 중의 하나는 20~300Kg 무게의 쇳덩이를 발에 매달고 손을 묶어서 천장에 매달아 몸이 공중에 뜨도록 하는 것이다. 고문을 당하는 사람은 신체의 모든 부위에서 관절이 분리되는 듯하고 찢어지는 듯 한 고통을 느끼게 된다고 한다. 이 고문을 당하면 거의 모든 몸의 구조가 들여다보일 정도로 늘어난다고 한다. 그래서 고문자는 이 때 인간의 몸이 모두 관절로 연결되어 있음을 새삼 발견하게 되었다는 고백을 하였다는 기록이 보인다.[90]

인간이 같은 인간에게 이렇게 잔인한 고문을 할 수 있는 것은 무엇 때문일까? 고문하는 자들에게 피도 눈물도 없단 말인가? 연약한 여자에 대한 무자비한 고문이 가능한 것은 그 여성이 악의 존재로, 불결한 존재로 인식되었을 경우에만 가능한 것이다. 그리고 그러한 편견이 생겨난 근거가 바로 『성서』였다. 「창세기」에 나타난 창조 설화에서 보듯이 여성은 남성을 위해서, 남성의 몸에

---

89 오성근, 『마녀사냥의 역사』, 서울: 미크로, 2000, 166쪽 참조. 물론 모든 마녀가 여성이었던 것은 아니다. 하지만 대부분 여성이었고, 남성일 경우는 정치적인 이유로 마녀로 몰리게 된 자들이다.

90 오성근, 같은 책, 219-220쪽.

서, 남성과 다르게 만들어졌다. 여성에 대한 기독교적인 편견과 경멸, 그리고 반여성주의에 입각한 적대 감정과 증오는 여성을 마녀로 몰았고, 마녀로 몰린 여성을 살해했다.

2) 잔인한 여성 폭력, 전족

'전족纏足'은 '발을 묶는다'는 뜻이다. 옛날 중국 여자들은 아주 작은 발을 갖는 것이 소망이었고, 그러한 소망은 인위적이면서 강제로 발을 작게 만드는 일을 감수하도록 하였다. 마치 현대의 여성들이 아름다운 얼굴을 위해 뼈를 깎고 살을 째는 일을 하듯이 그녀들도 아름다운 발을 위해 노력했다.

그 당시 여성들에게 큰 발은 수치이며 추함이었다. 그러나 그녀들이 큰 발이라고 생각한 것은 지금 우리들의 관점에서는 결코 큰 발이 아니라 그냥 자연스러운 아담한 발이었다. 오히려 전족으로 만들어진 작은 발은 기형이며 고

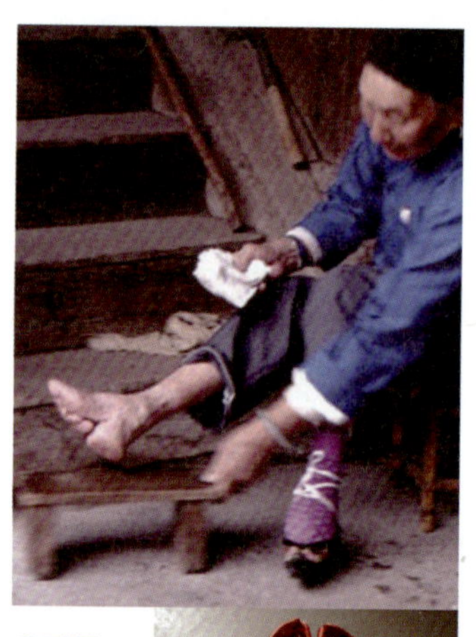

●전족
여자의 발은 작아야 예쁘다는 중국의 풍습으로 전족을 하여 한평생 고통 속에 살아온 할머니의 발. 겨우 10센티미터에 불과한 발을 보여주고 있다.

통스럽게 보일 뿐이다. 왜 중국의 소녀들은 그런 고통을 감내하면서까지 발을 작게 하려고 했을까?

전족의 뜻에서 보듯이 작은 발을 만드는 방법은 어린 나이일 때 헝겊으로 발을 꽁꽁 감싸서 자라지 못하게 하는 것이 유일하였다. 하루에 두 번씩 전족을 해야 하는 어린 아이들의 고통은 상상을 초월하는 것이었다.[91] 그럼에도 11세기에 생긴 풍습은 명나라 때에 전성기를 이루었고, 청나라에 와서 금지령을 내려 이를 위반하는 아이의 부모들을 처벌한다고 했음에도 불구하고 사라지지 않았다.[92] 오히려 일반 백성들이 전족에 병적으로 집착하여 강제로 금지시키는 것이 어려울 지경에 이르렀다.

이렇게 오랜 기간 전족이 유행하게 된 것은 작은 발을 아름답게 보는 문화 때문이었을 것이다. 작은 발은 중국에서 여자의 신비로움을 상징하였다. 여자들은 헝겊으로 조여맨 자신의 발을 은밀한 부분으로 간주하였다. 그래서 남편이나 애인 말고는 아무에게도 보이지 않는다. 남편에게조차도 헝겊 속에 깊이 숨겨진 발 모양은 드러내 보이지 않는다. 깊숙이 감추어진 작은 발은 숨겨질수록 신

---

91 전족으로 완성된 작은 발은 크기에 따라서 급이 다르게 매겨졌다. 3촌 이하의 발을 금련, 4촌 이하는 은련, 5촌 이하는 철련이라고 불렀다. 3촌이면 약 9cm인데 자라는 발을 묶어 그 정도 크기로 만들기 위해 겪는 소녀들의 고통은 엄청난 것이었다.

92 전족의 역사에 대해서 기원전 16세기 이상을 거슬러 올라간다고 하는 학설도 있으나 여러 가지 자료상 10세기 말이 유력하다.

비성을 더해주었고, 극대화된 신비함은 극적인 아름다움으로 여겨졌다.

그렇다면 그런 문화 이데올로기는 왜 생겨났을까?『중국여성잔혹풍속사』를 저술한 이영자 교수는 그 이유를 몇 가지로 요약한다. 그 중 가장 큰 이유는 여성을 통제하기위한 방법이라는 것이다. 중국의 음양설은 여자를 어둡고 천하고, 정적이고 수동적인 존재로 규정한다. 여자는 집안에 조용히 앉아 세상일을 다스리는 남자를 내조해야 한다. 여자는 함부로 바깥에 나다니지 못하게 해야 한다. 그러기 위해서는 발을 오그라뜨려 걷기 어렵게 하는 게 상책이다. 여자란 집안 깊숙이 다소곳하게 숨어 목소리를 죽이고 지아비를 하늘처럼 섬기면 그만이다.[93] 전족이 필요한 것은 바로 여자를 가두어두고 통제하기 위한 수단이었던 것이다.

전족의 또 다른 이유는, 이 또한 여성 억압과 관련되는데, 새디즘의 발로라는 것이다. 여성 측면에서는 매조키즘이다. 9센티미터 남짓한 몽당발로 걸음을 걷는 모습은 상상만 해도 끔찍하다. 상반신을 앞으로 내밀고 엉덩이는 엉거주춤 들어 올린 채 발뒤꿈치를 구른다. 넘어질 듯 가련한 그녀의 모습에 남성들은 새디즘의 쾌감을 느낀다. 남성들의 변태 심리를 충족시켜주기 위해 제공된 여자들 또한 자기도 모르는 사이에 어느덧 매조키즘의 노예가 된다.[94]

---

93 이영자,『중국여성잔혹풍속사』, 서울: 에디터, 2003, 128쪽 참조.
94 이영자, 같은 책, 125쪽 참조.

전족이 아름답게 보였다면, 당연히 남성에게 그렇게 보였다는 것이다. 동양의 음양 논리에서 여자는 부드럽고, 작고, 정적이며, 곡선적인 것으로 표현된다. 여자의 작고 갸름한 얼굴, 가느다란 허리, 앵두 같이 작은 입술을 가진 미녀, 그녀의 발도 작을수록 찬사를 받았다.

나아가 작고 오그라진 몽당 발은 옛 중국 남성들에게 정욕을 타오르게 하는 상징이었다. 그들에게 여인의 몽당 발은 성적인 상상력을 극대화 시켜주는 신비함이었다. 부드러운 살결과 봉긋 솟은 젖가슴, 가느다란 허리, 앵두 같은 입술 등 여성의 모든 아름다운 곡선들이 전족 하나에 그대로 응축되어 있다는 것이다. 전족은 남성의 정열을 흡수하는 은밀한 곳으로 간주되었다.[95]

결국 남성은 여성을 억압하기 위해, 그리고 성적 쾌락의 도구로 삼기 위해 전족을 만들었고, 여성들은 풍습으로 당연시된 억압을 받아들이며 고통스러운 세월을 보낼 수밖에 없었다.

3) 명예 살인과 할례

이슬람교의 여성관에 기초하여 이슬람권 사회에는 다양한 여성 억압적인 풍속들이 존재한다. 그 대표적인 예가 여성 할례나 명예 살인이다. 물론 이 양자가 『꾸란』에 구체적으로 기술된 내용

---

95 이영자, 같은 책, 130쪽 이하 참조.

은 아니지만, 둘 다 여성에 대한 비인격적 전통으로 현재까지 중동 지역에 남아있는 가장 나쁜 여성 차별적 행위이다.

명예 살인이란 정조를 잃은, 혹은 이슬람의 규칙을 어긴 여성에 대한 남성들의 합법적 살인이다. 이는 한 여성이 가족이나 조직, 혹은 사회의 명예를 더럽혔다는 이유로 그 여성에게 가하는 단죄적 의미를 가지기 때문에 일명 명예 살인이라고 불린다. 명예 살인은 강간을 당하는 억울한 경우가 발생하더라도 이 억울함은 절대 인정되지 않으며, 가해자 남성에게는 어떤 처벌도 없는 반면 오히려 피해자 여성은 명예 살인을 당하게 된다.

가족이나 사회의 명예를 더럽히는 것은 오직 여성만의 일인가? 남성도 이런 저런 이유로 가족과 사회의 명예를 더럽힐 수 있지 않는가? 그러나 이러한 공평한 사고는 불가능하다. 물론 남성도 잘못된 행위를 할 수 있을 것이다. 문제는 여기서 말

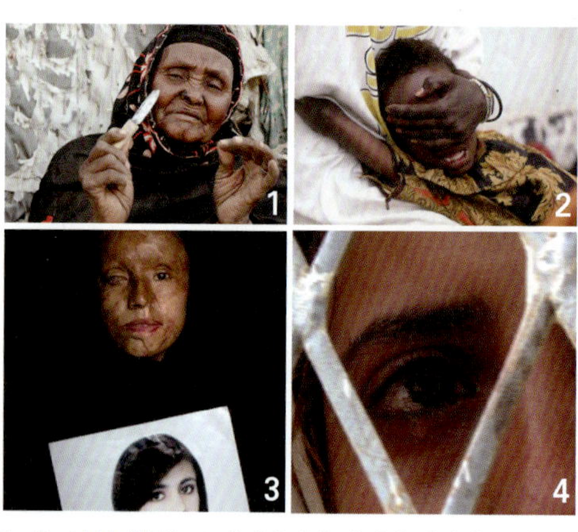

1. 2. 여성 할례 : 소말리아에서 여성의 생식기를 꿰매는 풍습인 할례를 하고 있는 한 노파와 고통을 참고 있는 어린 소녀의 모습.
3. 염산테러 : 남성의 청혼을 거절했다는 이유로 염산테러를 당한 파키스타 여성.
4. 아미나(Amina)의 눈물 : 11살 어린 나이에 결혼한 그녀는 남편의 죽음에 대한 억울한 감옥살이을 하였다.

하는 명예란 여성이 지켜야 될 명예에 한정된다는 점이다. 즉 여성이 남성에 대해 행해야 할 순결과 복종의 의무를 지키는 것이 명예이며, 어떤 이유로던 그것을 잃는 것은 불명예다. 따라서 명예 살인의 대상자는 오직 여성에게만 해당된다.

이슬람 국가에서는 이러한 명예 살인이 범죄에 해당됨에도 불구하고 처벌은 제대로 이루어지지 않아 문제가 되고 있다. 전 세계적으로 많게는 년 간 5,000명의 여성이 명예살인의 희생자가 되고 있다.

여성 할례FGM(여성성기 절제·Female Genitial Mutilation)는 여성의 성욕을 억제시키기 위해 여성의 성기의 일부를 잘라내는 시술이다. 한국에서는 생소한 개념이지만 이집트 등 아랍권 여인들에게는 '숙명' 같은 것이다. 할례를 받지 않은 여성은 결혼조차 할 수 없다. 언제나 정숙하며 순결하다는 것을 증명해 보여야 하는 이집트 사회에서 여성은 '무죄가 증명될 때까지 유죄'이다. 이집트에서 그들의 무죄를 증명하는 방법이 바로 '여성 할례'이다.

여성 할례 수술은 보통 세 가지 종류가 있다. 첫째는 음핵 일부 또는 전체를 잘라내는 것이다. 둘째는 음핵과 소음순을 모두 잘라내는 것이다. 마지막으로 음핵과 소음순, 대음순까지 모두 잘라낸 다음, 소변을 보고 월경을 할 수 있도록 양쪽 외음부를 실 등으로 꿰매어 질의 입구를 막아버리는 파라오식 할례가 있다. 파라

오식 할례를 받은 여성은 결혼 뒤 남편과의 성관계를 위해 봉합 부분을 다시 절제해 열었다가 남편이 장기간 집을 비워야 할 때에는 다시 닫기도 한다. 이러한 행위는 여성의 여성성을 억압하는 남성위주의 사회적 풍습에서 비롯된다. 명예 살인과 여성 할례는 모두 여성의 순결과 정조를 지키기 위해 남성들이 만든 풍습이며 제도이다. 할례로 인해 많은 여성들이 파상풍으로 죽어갔고, 살아남은 여성들은 평생 성적 억압과 순결노이로제로 고통받았다.

4) 매춘

매춘하면 먼저 떠오르는 것은 자본주의, 남성 중심주의, 향락 문화 등이다. 그러나 매춘은 자본주의가 극에 달한 오늘의 문제만은 아니다. 인류의 역사에서 모권제가 부권제로 바뀌고, 사유재산 제도가 성립된 때부터 이미 여성은 대상화, 물질화, 도구화 되었다고 볼 수 있다. 그러다가 이제 상품화된 것이다.

성을 사고 파는 것은 어떤 의미가 있을까? 장기를 매매하는 것은 불법이다. 물론 성을 매매하는 것도 불법이다. 그러나 그 양자의 불법을 바라보는 시각은 전혀 다르다. 과연 성을 파는 사람이 있어서 사는 사람이 생겼을까? 사는 사람이 있어서 팔게 되었을까? 그 대답은 쉽지 않지만 둘다 여성에게 불가피한 상황이었음은 분명할 것이다. 그것은 고통과 좌절을 동반하는 불가피한 상황이었을 것이다.

엥겔스는 대우혼 가족 제도에서부터 약탈혼이나 매매혼이 성립했다고 주장하지만 이는 결혼의 한 방식이었다. 물론 이 또한 남성과 여성 사이의 공평한 관계로서의 혼인이 아닌 것은 분명하지만, 원시 사회가 가진 특성상 불가피한 결혼의 관습이었다. 매춘과 관련해서 엥겔스는 그 기원에 대해 "최초의 매춘, 즉 돈을 받고 봄을 수는 것은 종교적 행위로 사랑의 여신을 모신 신전에서 이루어졌고, 그 돈은 신전의 금고로 들어갔다."고 말한다. 그리고 매춘이 남성의 전유물로 나타나게 된 계기에 대해 그는 "부의 차이가 나타나면서 미개의 높은 단계에서 이미 노예 노동과 함께 임금 노동이 산발적으로 나타났다. 동시에 이에 대한 필연적인 상대물로서 여자 노예에게 강요된 육체 제공과 함께 자유민 여자의 영업적 매춘이 나타났다."[96]고 말한다. 이처럼 사유재산제와 이를 바탕으로 한 가부장제의 시초에 매춘이 시작되었다.

가부장적 남성 중심주의에서 성문화란 것은 남성에게 유리한 방향으로 성립되었다. 즉 남성은 성적 자유를 누리는 반면, 여성에게는 순결과 정조를 요구한다. 성적 자유와 순결은 상호 모순됨에도 남성들은 그 둘을 모두 가지려고 한다. 즉 결혼 제도에서는 순결과 정조를 요구하고, 자신의 욕망을 위해서는 자유로운 성문

---

96 엥겔스, 같은 책, 103쪽.

화로서 매춘을 요구한다. 이러한 이중적 성문화에서 희생되는 것
은 바로 여성이다. 즉 성의 억압과 성의 상품화는 여성의 성을 왜
곡하는 두 가지 요소이다.

> 남성들은 남성의 성적 방종을 수용케 하는 비공식적 성의 영역에
> 서의 매춘 여성을 가정의 아내와 딸을 순결하게 지켜 주는 '미덕
> 의 수호자'요 '사회의 필요악'이며, 이중적 성규범의 대가를 치르는
> '속죄양'이라고도 일컬으며 정당화시켜왔다. 이는 한 집단의 순결
> 을 보존시키기 위해 또 하나의 집단의 순결은 무시되는 모순을 내
> 포하고 있어, 결국 순결을 보호받는 집단이나 순결을 상실해야 하
> 는 집단은 모두 순결 이데올로기에 의하여 억압받는 희생자임을
> 보여 주고 있다.[97]

이러한 모순은 기독교 사상에서 최대의 권위를 가진 토마스 아
퀴나스의 생각과 별반 다르지 않다. 토마스 아퀴나스는 "도시의
매춘은 궁전의 하수도와 같다. 이 하수도를 막는다면 궁전은 곧
지독한 악취가 풍기는 불결한 장소가 될 것이다."라고 말한다.[98]
궁전을 성스럽고 깨끗하게 유지하기 위해서는 온갖 오물을 내다
버리는 하수구가 필요한 것처럼, 사회를 건전하게 유지하기 위해
서 매춘은 반드시 필요하다는 말이다. 여성의 몸을 상품화하여
순결한 하나님의 나라를 만드는 것, 이보다 더 큰 모순은 없을 것

---

97 여성한국사회연구회 편, 『여성과 한국사회』, 서울: 사회문화연구소, 1993, 284쪽.
98 베벨, 같은 책, 195쪽 재인용.

이다.

마르크스의 전통을 이어받은 진보적 사회학자인 베벨은 그의
저서 『여성론』에서 매춘에 대해 다루면서 그 부제를 '시민사회의
필수적인 사회제도'라고 달았다. 그는 결혼과 매춘이 시민 사회에
서의 성생활을 서로 다른 측면에서 드러내는 상호불가결한 현상
이라고 말한다. 남성들이 결혼 생활에서 충분한 만족을 얻지 못
하였다고 느낄 때 보통 매춘으로 보충한다는 것이다. 그러나 매춘
이 그 당시 사회적 현상이라고 말하지만 베벨은 매춘을 정당한 것
으로 인정한 것은 아니다. 단지 매춘이 부르조아적 세계의 필수적
인 사회 제도이며, 변혁된 사회주의 국가에서는 사라져야할 여성
억압임을 강조한다.[99]

99 베벨, 같은 책, 201쪽.

남녀동권 시대를 열어 주심

여자가 천하사를 하려고 염주를 딱딱거리는 소리가 구천에 사무쳤나니 이는 장차 여자의 천지를 만들려 함이로다. 그러나 그렇게까지는 되지 못할 것이요, 남녀동권 시대가 되게 하리라. 사람을 쓸 때에는 남녀 구별 없이 쓰리라. 앞세상에는 남녀가 모두 대장부大丈夫요, 대장부大丈婦이니라.

여자도 각기 닦은 바에 따라

자고로 여자를 높이 받들고 추앙하는 일이 적었으나 이 뒤로는 여자도 각기 닦은 바를 따라 공덕이 서고 금패金牌와 금상金像으로 존신尊信의 표를 세우게 되리라. 내 세상에는 여자의 치마폭 아래에서 도통이 나올 것이니라. (『도전』 2:53:1-7)

2

여성의 해원에 대해…

지구의 생태계와 지구상의 생물의 진화는 중대한 위험에 직면하고 있으며 대규모의 생태적 재해로 인해 지구의 종말이 올지도 모른다. 이렇게 인류가 위기를 맞고 있는 것은 양, 즉 남성적 측면-합리적 지식, 분석, 확대-을 지나치게 강조한 반면, 음, 즉 여성적 측면-직관적 지혜, 종합적, 생태적 자각-을 무시한 결과인 것이다. (F. 카프라)[100]

I부에서 우리는 인류 시원 사회에서 여성의 지위가 결코 지금처럼 억압과 종속의 상태는 아니었음을 살펴보았다. 그러한 여성의 지위는 어머니 하느님을 모시는 여성신 종교를 낳았고, 남성들은 여성과 함께 조화로운 삶을 살고 있었다. 초기 인류 사회의 특징은 모계제와 모권제로 설명가능한데 이러한 사회에서 남성과 여성은 대립과 갈등이 아닌 평화와 조화로운 관계를 맺고 있었다.

아름다운 평화가 깨어진 이유는 바로 부권에 의해서였다. 남성들은 평화 대신에 지배를 택했고, 그 결과 여성들은 종속되기 시작했다. 종속된 여성은 마녀 사냥의 희생물이 되었고, 명예 살인으로 죽어갔으며, 전족과 매춘으로 고통 속에 빠져들었다. I부에서는 여성 억압의 원인과 과정, 결과에 대해 살펴보았다. 여성신이 남성신으로 대체되면서 여성신 종교는 사라졌고, 여성과 남성의 평화도 사라졌다. 종속과 억압의 삶을 살 수밖에 없었던 여성들의 고통은 원과 한으로 드러났다. 여성들의 원한! 지금까지 인류

---

100 이정빈, 정혜정 공저, 『성역할과 여성』, 서울 : 학지사, 1997, 2쪽 재인용.

의 역사는 여성들의 원한으로 얼룩져 있다.

II부에서 필자가 목표로 하는 것은 여성 억압의 중요한 설명 패러다임으로 동양의 음양 사상을 분석하는 것이다. 인류 시원 사회가 여성 중심의, 즉 음 중심의 사회였었고, 그 음 중심의 문화는 부계 중심, 양 중심의 문화로 대체되었다. 물론 사회 경제적 측면이 현상적 원인이긴 하지만, 그 이면에는 음양 논리가 숨어있다. 특히 동서양의 종교 문화를 분석하면서 필자는 그러한 음양 논리, 즉 양은 높이고 음은 낮추는 양존음비의 문화를 부각시켰다.

필자는 이러한 논리에 기초하여 이제 억압된 여성의 삶을 바꾸어줄 여성해방의 논리를 새롭게 고찰하고자 한다. 바로 수부 사상을 중심으로 한 여성해방 논리이다. 이러한 관점은 증산도 우주론에 근거한 음양 논리에 바탕을 두고 있다. 즉 음과 양이 함께 존중되는 음양동권, 음양동덕의 남녀관계를 추구한다. 여기서 우리는 다시 인류 시원 사회에 존재했던 여성신 문화를 볼 수 있을 것이다. 그것은 모계 중심 사회의 여성신 숭배 문화와 부계 중심의 남성신 숭배 문화를 아우르는, 즉 아버지 하느님과 어머니 하느님이 함께 숭배되는 음양동덕의 종교 문화이다. 이제 우리는 음양 논리를 바탕으로 여성해방, 여성해원의 새로운 가능성을 살펴볼 것이다.

●**고부 객망리와 담양 성도리** : 정읍시 덕천면 신월리(옛지명은 고부군 객망리) 증산 상제님이 탄강하신 객망리客望里 전경(위)과 담양군 무정면 성도리(옛지명은 담양군 무이동면 도리) 태모 고수부님이 탄강하신 도리道里 전경(아래).

5. 우주론적 음양 이론

인류 시원에서부터 전개된 가족과 사회 형태, 그리고 이를 바탕으로 하는 종교 형태를 남녀 간의 종속 관계로 파악하고, 그 불평등한 관계에 초점을 맞추어 평등과 조화의 관계를 추구하는 것이 여성해방론이다. 이장에서는 남녀 간의 종속 관계를 음양 논리를 중심으로 살펴보고자 한다. 이는 여성해방론의 패러다임을 음양 논리로 고찰하는 첫 단계이고, 나아가서 그 해결책으로 정음정양의 여성해방을 모색하기 위한 과정이다.

1) 전통적 음양 사상

음양이란 원래 음지와 양지를 뜻하는 말이었다. 그리고 나아가 음지와 양지의 두 특성, 즉 어두움과 밝음, 차가움과 따스함이 모든 존재의 대립된 성향을 나타내는 기본 개념이 되었다. 양계초는 「음양오행설의 역사」에서 음과 양에 대해 다음과 같이 말한다.

음양陰陽 두 글자의 의미를 『설문해자』 부부阜部에서 찾아보면

"음陰은 어둡다는 의미이다. 강의 남쪽, 산의 북쪽을 가리킨다 … 양은 높고 밝다는 의미이다."고 되어 있다 … 음의 본의는 구름이 해를 가리는 것이며 … 또 무엇이 무엇을 가리면 반드시 어두우므로 그 의미가 확대되어 어둡다는 뜻이 되었다 … 양은 … 해가 땅 위에 있는 모습이므로 일출의 의미를 지닌다 … 또 해가 뜨면 따뜻해지기 때문에 다시 그 의미가 확대되어 따뜻한 기운을 양기陽氣라고 하게 되었다.[101]

이처럼 처음에는 음과 양이 서로 떨어져서 각자의 의미로 사용되었다. 즉 밝은 것, 따뜻한 것은 양, 어두운 것, 차가운 것은 음이라고 불렀다. "은주 시대 이전의 이른바 음양이라는 것은 자연계 속의 하찮고 미세한 현상에 불과하였으며, 어떤 심오한 의미를 담고 있는 것은 결코 아니었다."[102] 그러다가 이 양자가 합해져서 '음양'이란 개념으로 사용된 것은 그 후의 일이다. "음양이 서로 연속된 하나의 명사가 되고 무형 무상한 두 가지 대대對對적인 성질을 가리키게 된 것은 대체로 공자 혹은 노자부터 시작되었다."[103]

사송령은 「음양오행학설사」에서 음양 관념의 기원에 대해서 세 가지 설을 언급한다. 첫째는 『주역』 기원설인데 이 설을 주장하는 사람들은 『장자』의 "『역』은 음양을 말한 것이다."란 문구를 그 증

---

101 양계초 저, 김홍경 편역, 『음양오행설의 연구』, 서울: 신지서원, 1993, 29-30쪽.

102 양계초, 같은 책, 35쪽.

103 양계초, 같은 책, 30-31쪽.

거로 사용한다. 그들은 효상爻象인 —(양), --(음)에 이미 음양 관념이 포함되어 있다고 지적한다. —(양)은 하늘을 상징하고, --(음)은 땅을 상징한다. 또 하늘과 땅은 각각 양과 음을 상징한다는 것이다. 둘째는 성기기원설인데 이것은 음양 관념이 생식기 숭배에서 기원한다고 생각하는 견해이다. 가령 노자의 '골짜기'나 '신비스러운 문' 등의 개념은 여성과 음을 상징하며, 음을 숭상한다. 그들은 음양이라고 표기하여 음을 양 앞에 위치하게 하여 음을 양보다 더 높이고 있다고 설명한다. 셋째는 자연취상설인데 이는 음양 관념이 자연 현상에 대한 관찰에서 기원한다는 주장이다. 예를 들어 해가 떴을 때는 양이고 해가 지면 음이라는 생각이다.[104] 양계초의 주장에 근거해서도 그렇고, 필자는 이 중 가장 합리적인 주장은 자연취상설이 아닌가 한다.

양계초는 음양의 신비적 사용이나 원리적 사용에 대해서 대단히 비판적으로 바라보고 있다. 즉 원래 음과 양이 중국 고대 저술들에서 사용된 의미는 단지 부분적 현상들을 지칭하는 개념이었다는 것이다.

> 춘추전국 시대 이전에는 이른바 음양이라든가 오행이라든가 하는 말이 매우 드물게 나타나고 그 의미도 극히 평이한 것이었다. 또 이 두 가지 말이 함께 인용된 적도 없었다. 모든 경전과 공자, 노자, 묵자, 맹자, 순자, 한비자 등 모든 사상가들도 그에 대해서 언급한 바

104 양계초, 같은 책, 475-6쪽 참조.

가 없었다. 그렇다면 이러한 사설邪說을 지어내어 혹세무민한 자
는 누구인가. 그 시원은 … 추연과 동중서, 유향이다.[105]

그럼에도 불구하고 음양 사상은 현재 중국 철학의 가장 기본적
이고 중요한 개념이 되었다. 양계초도 인정하듯이 "이러한(음양과
오행) 이상야릇한 체계는 마침내 이천년 동안 모든 사람들의 심리
에 뿌리내렸고, 모든 사람의 일을 지배하였다. 아아, 우리의 생사
와 관련된 의약도 모두 이러한 관념의 산물이며, 중국인들이 가장
사랑하는 중화민국의 국기도 이러한 관념이 가장 잘 드러난 표상
이니 또 무엇을 말하겠는가?"[106]

이처럼 중국 고대부터 자연과 인간을 설명하는 근거로 사용된
음양론은 현대에 이르기까지 우주론, 존재론, 인간론, 정치론, 문
명론에까지 동양의 모든 사유에 내포되어 있는 가장 근본적인 이
론이다. 따라서 음양 사상을 단지 미신으로 치부하는 양계초의
주장은 한편으로 치우친 경향이 있다. 서복관은 「음양오행설과
관련문헌 연구」에서 "음양을 우주에 존재하는 두 가지 상반되고
상호 작용하는 기본적인 원소 혹은 동력이라고 인식하고 그것을
통해서 여러 가지 현상의 변화 법칙 혹은 근원을 설명하게 된 것
은 상당한 기간의 발전과 전개를 거친 후였다. 양계초처럼 음양오
행설을 '미신'이라고 단정하는 태도는 사상사를 연구하는 입장에

---

105 양계초, 같은 책, 43쪽.
106 양계초, 같은 책, 43쪽.

서는 그대로 수용할 수 없다."[107]고 말한다.

음과 양은 상호 간에 하나의 존재가 상대의 존재를 전제하고 있음을 상징한다. 이것은 존재의 법칙이라고도 할 수 있을 듯하다. 만사만물이 상호 의존하고 유기적 관계 속에 있을 때만이 생성이 가능함과 같다. 그래서 『춘추』에서는 "홀로 있는 음과 홀로 있는 양은 어떠한 것도 생성시키지 못한다."[108]라고 하였다. 즉 음과 양은 상호 작용함으로써 만물을 생성시킨다는 뜻이다.

런던대학 교수를 역임한 동양학 연구의 권위자인 그레이엄은 『*Yin-Yang and The Nature of Correlative Thinking*, 음양과 상관적 사유』에서 음양, 삼재, 오행 등 동양의 우주론이 갖는 규칙적 구조에 대해 서양 논리적 관점에서 설명하고 있다. 특히 음양의 논리는 현현顯現하는 모든 것들의 상관적 사유를 나타내는 가장 보편적 규칙임을 보여주려 한다.

그러한 체계 구성(대립적인 두 항)의 가장 흥미로운 점은 그것이 잠겨있는 모든 것을 표면으로 연결시키는 그러한 시도를 가능하게 하는 유일한 종류의 사유라는 것이다. 그 결과는 하나의 정합적이지만 매우 단순화된 도식이다. 그 우주론자는 왜 깜짝 놀란 새들이 날아오르고, 물고기는 물속으로 헤엄치는지 그 이유를 설명할 준비가 갖추어져 있다. 그러나 그 설명은 고립된 유비들이 아니라

---

107 양계초, 같은 책, 56-7쪽.
108 "獨陰不生, 獨陽不生"(『춘추』)

전 체계를 통한 유사와 대조로써 이루어진다.[109]

이러한 설명은 존재하는 대립적 현상들에 대한 음양적 구분이 가지는 관계성을 설명하는 것이다. 서양의 원자론에서 모든 존재의 최소 단위가 원자라고 한다면, 음양 사상은 그러한 최소 단위조차 근거하게 되는 존재자들의 존재 원리와 변화 원리를 동시에 갖는다. 즉 음과 양은 우주의 모든 존재들을 상호 관계적으로 설명할 수 있는 가장 근본적 원리인 것이다. 음양은 원래 존재 원리로서 만물이 상호 관계되어 있으며, 상호 의존하고 있다는 것을 뜻하는 것이었다는 사실을 알 수 있다.

동양적 사유의 특징은 이러한 음양 원리가 단지 우주와 만물에만 적용되는 것이 아니라 인간과 사회에도 동일하게 적용된다는 것에서 찾을 수 있다. 동중서는 "하늘-대지 운행의 규칙은 음이 한번 주도하고 양이 한번 주도하는 것이다."[110]라고 말한다. 그리고 그는 이러한 음양 관계는 인간 사회에도 그대로 영향을 미쳐서 "성스러운 사람(성인)의 통치도 이러한 규칙에 의거해서 추진된다."[111]고 말한다.

음과 양에 대한 이러한 생각은 잘 알려진 내용이다. 그러나 이

---

[109] A. C. Graham, *Yin-Yang and the nature of correlative thinking*, 이창일 역, 『음양과 상관적 사유』, 서울: 청계, 2001, 68쪽.

[110] 동중서, 같은 책, 605쪽.

[111] 동중서, 같은 책, 606쪽.

러한 학설을 떠나서 음과 양이 상징하는 대상은 음과 양을 구분
하면서부터 정해진 것이다. 일단 하늘을 양이라고 하고, 땅을 음
이라 하는 것에서 양과 음은 그 성격이 분명히 서로 다른 것으로
구분된다. 특히 『주역』 「계사전」에 나오는 "천존지비"나 동중서
의 『춘추번로』에서 말하는 "양존음비"가 그러하다. 특히 동중서
는 양은 남성을, 음은 여성을 상징한다고 한다. 이러한 음양 사상
은 곧 "남존여비" 사상의 도대가 된다. 즉 자연철학적 원리인 음
양이 남녀의 구분과 관계를 규정하는 바탕이 되었다는 것이다.
그 배경에는 다양한 음양 사상이 존재한다.

음과 양은 다 아는바와 같이 서로 상반된 성향을 지니는 것이
다. 동중서는 이에 대해 다음과 같이 말한다.

> 모든 사물 또는 사태에는 반드시 짝, 즉 상호 의존의 관계가 있다.
> 짝의 예를 들어보자. 반드시 위쪽이 있으면 반드시 아래쪽도 있다.
> 반드시 왼쪽이 있으면 반드시 오른쪽도 있다 … 아름다움이 있으
> 면 반드시 추함이 있다 … 기쁨이 있으면 반드시 분노도 있다. 이
> 것이 모두 짝의 실례다. 음은 양의 짝이고, 아내는 남편의 짝이고,
> 자식은 아버지의 짝이고, 신하는 군주의 짝이다. 사물과 사태에는
> 짝이 없는 경우가 없다. 짝은 그 자체로 음과 양으로 분류된다.[112]

그러나 이러한 음양의 구분은 서로 대립하기 위해서가 아니라

---

112 동중서, 같은 책, 629쪽.

상호 작용하기 위해서이다. 즉 음양은 우주와 인간을 구성하는 상호 보완의 요소이다. 그래서 『주역』에서 말하는 바와 같이 "한 번 음하고, 한 번 양하는 것이 바로 만물의 법칙"이며,[113] 동중서 또한 "양은 음을 아우르고, 음은 양을 아우른다."[114]고 말한다.

이 후 음양론이 지배자의 권력을 정당화하고, 남성 우월주의를 정당화하는 논리로 전개되었지만 처음 음양 사상의 출현은 오히려 조화와 상생을 의미하는 것이었다. 따라서 음양론에 대한 새로운 시각이 필요하다. 여성해방론이 근거해야할 음양 관계는 바로 이것이다. 위의 논의는 이러한 음양 조화를 바탕으로 할 때, 이념적, 실제적 여성해방이 가능해진다는 것을 분명히 알려준다.

2) 선후천과 음양 관계

음과 양의 작용으로 만물이 생성·변화하는 것이지만 문제는 그 두 요소가 어떻게 작용하는가에 따라서 변화의 질은 달라진다.

하늘의 길은 양을 내보내서 따뜻하게 하여 만물을 자라게 하고, 음을 내보내서 서늘하게 하여 만물을 성숙하게 한다. 이 때문에 따사로움이 아니면 만물을 기를 수 없고, 차가움이 아니면 만물을 익게 할 수 없다 … 이러한 사실을 인식한다고 하더라도 따사로운 날과 차가운 날 중 어느 쪽이 더 많은지를 살피지 않으면 반드

---

113 "一陰一陽之謂道."(『주역』, 「계사전」)
114 동중서, 같은 책, 629쪽.

시 하늘과 서로 어긋난다. 하늘과 어긋나게 되면 비록 우리가 고생한다고 하더라도 성취를 거두지 못한다.[115]

동중서의 말은 곧 음양의 조화가 인간의 삶에 중대한 영향을 미친다는 것이다. 이러한 생각은 매우 중요한데, 왜냐하면 음양이 만물의 근원이면서, 그 음양의 작용이 곧 인간과 사회의 변화조차 좌우할 수 있기 때문이다. 물론 이러한 생각은 당연한 논리적 귀결이다. 인간도 만물의 일종이므로 만물의 근원인 음양의 변화는 인간의 삶에 필연적인 영향을 미친다는 것은 정당한 추론이다.

천지음양의 균형과 인사가 서로 연관되어 있다는 것을 '천인상응天人相應'이라고 한다.

음양오행가들은 모두 '천인상응', 즉 천도와 인사가 서로 영향을 미친다는 견해를 견지하였다. 그러나 거기에서의 천이 자연으로서의 천인지 주재하는 천인지에 대해서는 의견이 갈라진다. 만약 주재하는 천이라고 한다면 '천인상응'은 인사의 잘잘못에 대한 천의 유의지적인 포상 혹은 경계를 의미하게 된다. 그와 반대로 자연으로서의 천이라고 한다면 '천인상응'은 물이 습한 데로 흐르고 불이 건조한 데로 번져가는 것과 같이 기계적인 감응일 뿐이다. 그것은 자연의 이치이며 신적인 것이 아니다. 『서경』, 『홍범』은 전자를 주장하였고 … 『여씨춘추』, 『명류』는 후자를 주장하였다. 동중서

<hr>

115 동중서, 같은 책, 623쪽.

는 이 두 가지의 주장을 모두 취하였다.[116]

동중서의 생각은 음양의 양적 균형 관계에 있어서 균형과 불균형이 인간의 삶에 필연적 영향을 미친다는 것이다. 이러한 생각이 체계화되어 우주를 구성하는 음양의 질서로 구체화된 것은 역에 대한 새로운 사상을 전개한 조선 말엽의 김일부金一夫(1826~1898)에 의해서였다. 물론 이러한 음양 사상은 강증산 상제姜甑山上帝(1871~1909)에 의해서 상극과 상생, 개벽과 구원, 남녀동권의 문제로 확대된다. 따라서 음양론을 여성해방의 차원에서 새롭게 관조하는 것은 증산 상제의 사상을 통해서 가능하다. 특히 정음정양 사상은 그 핵심이다.

음양의 양적 균형 관계는 크게 두 가지로 구분할 수 있다. 편음편양偏陰偏陽과 정음정양正陰正陽이 그것이다. 편음편양은 음과 양의 균형이 어느 한쪽으로 치우친 상태를 말하고 정음정양은 음양이 동등하게 상호 조화를 이룬 상태를 말한다.[117] 이 중 편음편양에는 양이 강하고 음이 약한 관계인 삼양이음三陽二陰, 혹은 삼

---

116 양계초, 같은 책, 183쪽. 필자는 이러한 주장에서 '천인상응'을 음양의 변화와 인사의 관계로 한정해서 다룰 것이다. 특히 객관적이며 자연적인 음양의 상호 관계가 인간 삶에 미치는 영향과 관련하여 논의를 전개해 나갈 것이다. 그리고 이 절에서는 무엇보다도 음양의 상관관계가 어떻게 설명되는지를 살펴볼 것이다.

117 편음편양과 정음정양은 증산도 사상의 주요 술어이다. 동중서 이래 음양의 조화와 인간의 관계를 다룬 이래 증산도에서는 그 상관적 관계를 음양의 양적 비율을 토대로 설명하고 이를 우주 변화 원리로 설명하고 있다.

천양지三天兩地의 관계가 있는데 이를 좀 더 인간관계의 차원에서 말하면 억음존양抑陰尊陽이라고 부를 수 있다. 이와 반대로 음이 강하고 양이 약한 삼음이양, 혹은 삼지양천 관계가 있는데 이는 억양존음이라고 할 수 있다. 그 어느 쪽이든 음양의 부조화는 인간 삶의 부조화를 초래한다. 따라서 우주의 가장 이상적인 상태는 음양이 조화를 이룬 정음정양의 상태라고 할 수 있다. 정음정양의 상태는 우주 만물에 미치는 양과 음의 작용이 어느 한쪽으로 치우치지 않고 조화를 이룬 상태를 말한다.

사실 음양의 이러한 양적 관계를 다루는 논리는 중국 전통의 음양론에서는 찾아보기 힘들다. 물론 그들도 음과 양의 균형 관계에 따라 인간과 사회가 다양하게 변화한다는 것을 주장하였지만 이러한 문제를 크게 세 가지로 구분한 예는 없으며, 특히 정음정양이란 개념은 더욱 발견하기 어렵다. 오히려 음양의 상호 작용과 그 균형 상태가 미치는 영향에 대해서는 앞서 말한 김일부의 정역正易 사상과 그리고 정역 사상을 새롭게 조명한 한동석韓東錫(1911~1963)의 이론을 통해서 더 분명히 고찰할 수 있다.

정역은 김일부가 창시한 역학을 말한다. 역易은 주역周易과 정역으로 나눌 수 있는데 역사적으로는 약 6천 년 전 태호太昊 복희伏羲씨에서 주나라의 문왕을 거쳐 공자에 이르러 주역이 정립되었고, 김일부는 그 주역을 발전시켜 정역을 완성하였다. 주역은 주로 괘상卦象의 논리로 공간의 변화 현상을 중심으로 다루고 있으며, 정역은 우주 대자연의 여름과 가을이 바뀌는 시간의 변화 섭리를 수상數象의 논리로 밝혀주고 있다.[118]

정역 연구에 평생의 노력을 기울인 이정호 선생은 다음과 같이 말한다.

정역은 주역의 뒤를 이어 나타난 제 3의 역으로서 이제부터 약 백 년 전 우리나라 연산에서 김일부 선생에 의하여 성취된 인류 최후의 역이다. 복희 역이 생역生易이요 문왕 역이 장역長易인데 비하여 일부 역易은 성역成易인 것이다. 그것은 인류가 가질 수 있는 최선最善의 역易일 뿐 아니라 또한 진眞과 미美의 극치를 갖춘 인간 지혜의 금자탑이요 인류 공동의 신물神物이며 신화神化 세계의 보기寶器인 것이다.[119]

이러한 정역 사상의 핵심은 선-후천론에서 찾을 수 있다. 이는 『정역正易』의 원제목이 『금화정역金火正易』인데서도 잘 알 수 있다. 『정역』의 〈금화오송金火五頌〉에서 첫 번째 노래인 〈금화일송金火一頌〉에 대한 김주성 선생의 주해는 '금화교역'에 대한 중요한 단서를 제공한다.

사구금四九金과 이칠화二七火가 서로 자리를 바꾸는 것을 금화호

---

118 안경전, 『증산도의 진리』, 서울: 대원출판사, 2002, 20쪽 참조.
119 이정호, 『정역과 일부』, 서울: 아세아문화사, 1994, 159-160쪽.

역金火互易이라 한다. 금화가 교역함으로써 선천에서 후천으로 전환하는 것이니 이는 하도-낙서의 진리로서 천지자연의 오묘한 진리이다. 선천과 후천이 순환을 반복하는 원리는 일 년의 세공歲功과 같은 것이니, 곧 춘하春夏는 선천이요 추동秋冬은 후천이다. 선천은 만물의 생장을 위주로 용사用事하므로 춘생하장春生夏長하여 생기(목화)가 왕성하나 생장지기生長之氣가 극極에 이르면 극즉반극則反이라, 서방금西方金이 당권當權하여 숙살지기肅殺之氣(냉기)로써 생장을 멈추게 하고 성숙(결실)하도록 작용하는 것이니 이것이 곧 금화교역이다.[120]

이러한 해석은 곧 『정역』의 주요 사상이 선후천론이며, 선후천의 순환은 바로 금화교역으로 상징된다는 것을 뜻한다. 문제는 이러한 선후천의 음양 균형이 어떻게 설명될 수 있는가 하는 것인데 이에

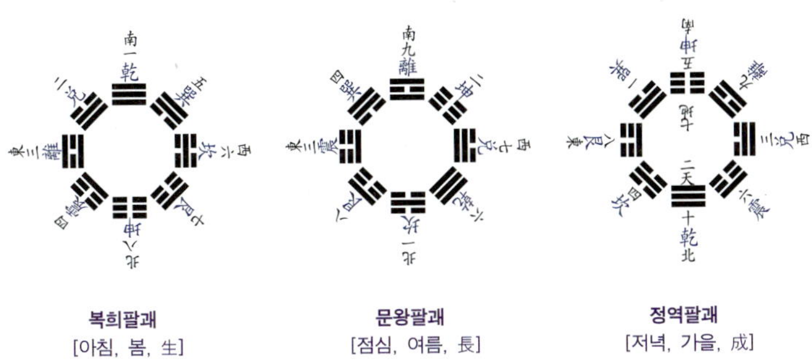

복희팔괘
[아침, 봄, 生]

문왕팔괘
[점심, 여름, 長]

정역팔괘
[저녁, 가을, 成]

●**복희, 문왕, 정역팔괘** : 우주 변화의 섭리는 생장성生長成으로 3단변화하며, 그에 따른 변화의 원리가 생역生易(복희팔괘), 장역長易(문왕팔괘), 성역成易(정역팔괘)의 3역易이다.

120 김주성, 『정역집주보해』, 부천: 태훈출판사, 1999, p, 101쪽.

대해서『정역』은 다음과 같이 분명히 단언하고 있다.

선천先天은 삼천양지이며, 후천後天은 삼지양천이다.[121]

이에 대해 한동석 선생은『우주변화의 원리』에서 다음과 같이 말하고 있다. 여기서 우리는 선후천의 음양 논리를 좀 더 명확히 확인할 수 있다.

개벽이란 개념은 한마디로 말하면 우주 운동의 상象을 말하는 것이다 … 일음일양하는 운동, 즉 우주가 일개일벽―開―闢하는 운동이다 … 우주의 운동은 일월日月과 성신星辰이 밝히는 오운五運 운동의 소산인바 일월성신이 발하는 바의 음양 관계는 천축天軸이나 지축地軸을 어느 일방에 경사되게 할 수도 있고, 또 정립하게 할 수도 있는 것이므로 우주 운동의 개벽 기능은 이 때문에 변화하게 되는 것이다 … 지금의 북극北極은 동북東北으로 경사傾斜져 있다. 북극이 동북으로 경사졌다는 말은 바로 인력引力의 과강過强, 즉 태과를 의미한 것이다. 다시 말하면 북극은 정상적인 감坎의 작용을 하여야만 하는 것인데 북극이 경사졌기 때문에 태과, 즉 비정상적인 과강현상過强形象을 나타내게 되는 것이다. 그러므로 천체는 북극을 중심으로 하고 28수宿가 나열되어 있는데 그 중에서 16수는 북극에 모여 있고 12수만이 남극에 배열되어 있다. 그런즉 이것은 북극의 인력 상태가 태과太過한 것을 의미하는 것이지만 감坎의 태과는 즉 리離의 과항을 의미하는 것이다. 그러

므로 이와 같은 결과는 모든 우주 운동으로 하여금 삼천양지 작용을 하게 하는 것이다.[122]

한동석 선생은 삼천양지 운동의 근원을 북극의 경사에서 찾는다. 이렇게 천체의 상태가 변화하는 것이 바로 천지개벽이며, 이는 우주의 음양 관계를 변화시키는 원인이 된다. 여기서 더 나아가 그는 선천과 후천 및 선후천 교역기에 대해서도 같은 설명을 한다. 즉 선천은 지축이 천체와 마찬가지로 동북으로 경사져 있으며 후천은 이러한 경사가 바로 서는 것에서 시작된다는 것이다. 그리고 다시 후천 말이 되면 지축은 반대로 서북 방향으로 기울어지게 된다는 것이다.[123]

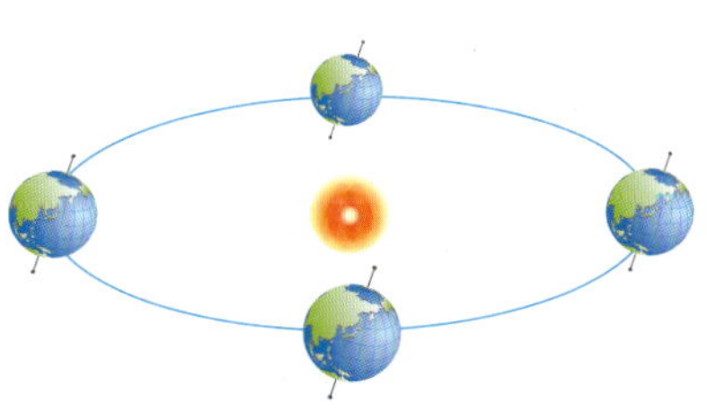

●**선천 타원궤도**(1년 365$\frac{1}{4}$일)

그러므로 일부 선생의 『정역』에는 '선천은 삼천양지요 후천은

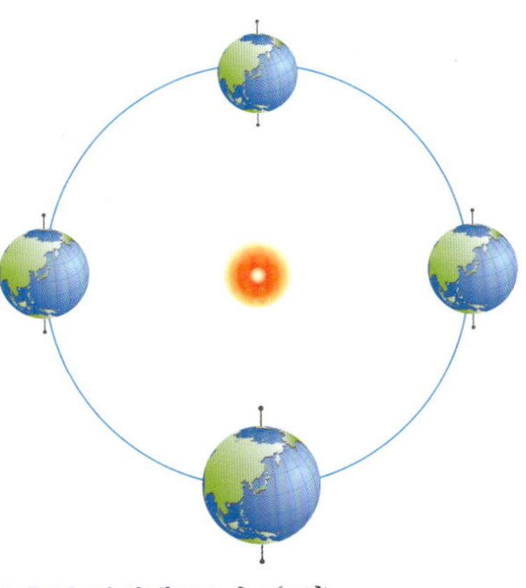

●**후천 정원궤도**(1년 360일)

---

122 한동석, 『우주변화의 원리』, 서울: 대원출판사, 2002, 391-5쪽. "삼천양지란 것은 양작용이 3/5이고 음작용이 2/5가 되는 것을 말하는 것이다."(한동석, 같은 책, 394쪽)

123 한동석, 같은 책, 395-6쪽.

삼지양천'이라고 하였으니 그것은 바로 이것을 말하는 것이며, 또 '자인오신子寅午申은 선천지선후천先天之先後天이요, 축묘미유丑卯未酉는 후천지선후천後天之先後天'이라고 하였으니 이것은 지축이 경사질 때(동북으로)와 정립할 때에 있어서의 천문지호 관계를 명시한 것이다.[124]

이처럼 한동석 선생은 김일부의 삼천양지와 삼지양천의 문제를 지축의 경사를 중심으로 설명하고 있으며, 이러한 지축의 경사는 곧 선천과 후천을 구분하는 단서가 되며, 그 결과는 천지개벽이라고 말하고 있다. 또한 삼천양지와 삼지양천 모두 음양이 상호 불균형인바, 음양이 상호 균형이 잡히는 때를 바로 후천의 시작이라고 말하고 있다.

문제는 이러한 음양의 균형 질서가 우주의 변화 원리를 규정하게 되는데 양이 많은 선천은 상극의 이치가, 음양의 조화를 이루는 후천은 상생의 이치가 지배하게 된다는 것이다. 이렇게 우주 음양 원리와 상극-상생의 이치는 증산도 우주론에서 명확히 확인할 수 있다. 특히 선천 상극과 후천 상생의 원리는 이 책자의 주제인 여성해방을 해명하는 중요한 단서가 된다.

124 한동석, 같은 책, 397쪽.

6. 정음정양과 여성해방

증신도 여성관은 남녀동권男女同權 사상으로 드러난다. 남녀동권이란 남성과 여성이 동등한 권리를 갖는다는 뜻이다. 그리고 그 남녀동권 사상은 남성과 여성의 관계를 억압과 복종에서 상생과 조화의 관계로 새롭게 규정하는, 즉 여성해방을 지향하는 사상이다. 이러한 남녀동권 사상의 근저에는 정음정양이라는 우주론적 음양 관계가 깔려있다.

여자가 천하사를 하려고 염주를 딱딱거리는 소리가 구천에 사무쳤나니 이는 장차 여자의 천지를 만들려 함이로다. 그러나 그렇게까지는 되지 못할 것이요, 남녀동권 시대가 되게 하리라. 사람을 쓸 때에는 남녀 구별 없이 쓰

리라. 앞세상에는 남녀가 모두 대장부大丈夫요, 대장부大丈婦이
니라.(『도전』 2:53:1-4)

증산 상제의 선언은 현대 여성해방 운동의 핵심을 밝혀주고 있
다. 이제 여성은 사회적, 정치적, 경제적으로 남성과 동등한 위치
에서 동등한 권리를 갖고자 한다. "남녀구별 없이 쓴다."는 말은 지
금까지 있어온 정치, 경제, 교육, 문화에 있어서 남녀 간의 모든 차별
을 없앨 것이라는 여성해방적 선언이 아닐 수 없다.

1) 우주 1년과 정음정양

한동석 선생은 우주 변화 속에서 음양의 가장 균형 잡힌 상태
에 대해서 다음과 같이 말한다.

'선천 말 후천 초 지축도'와 같이 축미진술丑未辰戌이 사정위四正
位를 이룬다고 한다면(곧 지축이 바로 선 상태라면) 인묘진사오미
寅卯辰巳午未의 6방위에서는 양기陽氣를 받게 되고, 신유술해자
축辰酉戌亥子丑의 6방위에서는 음기陰氣를 받게 되는 것인 즉 이
때에는 음과 양을 각각 절반씩 받게 되는 것이다. 그러므로 이때는
우주가 가장 정상 운동을 하는 때가 된다. 그러므로 일부는 이것
을 가리켜서 '호호무량好好無量'이라고 하였거니와 사실상 이 때
부터가 후천이 시작되는 때이므로 … [125]

---

[125] 한동석, 같은 책, 396-7쪽.

이처럼 음양의 균형이 상호 조화를 이루어 우주가 가장 이상적인 운동을 하는 것에 대해 김일부 선생은 너무나 좋은 상태라는 뜻으로 '호호무량'이라고 하였고, 한동석 선생은 그 때가 바로 '후천이 시작되는 때'라고 말한다. 증산도에서는 이러한 우주 상태를 '정음정양'이라고 말한다.

남녀동권 사상을 음양론에 기초하여 새롭게 인식하기 위해서는 이러한 선후천 변화를 담지하고 있는 우주 1년과 상극-상생의 문제에 대해서 먼저 이해해야 할 것이다. 왜냐하면 우주는 곧 음양의 운동이며, 음양의 운동은 인간의 삶에 직접적인 영향을 미치고 있기 때문이다. 다시 말해 음양의 균형과 불균형은 모든 대립적인 구조의 상관관계를 규정하며, 나아가 이 글의 주제가 되는

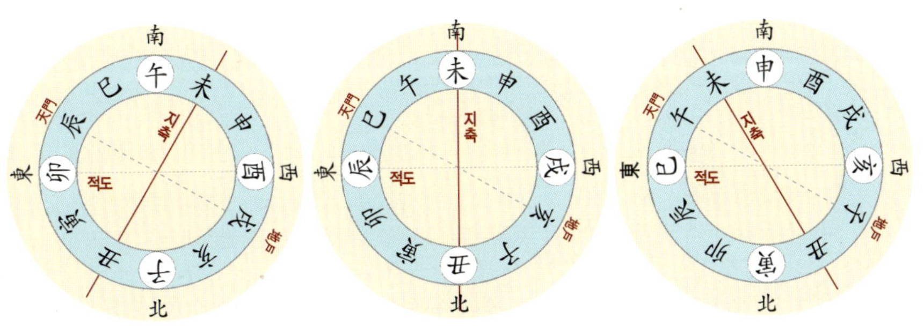

선천 지축도　　　　후천 지축도　　　　후천말 지축도

●**선후천 지축도** : 우주 1년의 시간변화는 지축의 기울기와 바로섬에서 생겨난다. 선천에는 진술축미의 토土자리가 23.5도 기울어져 삼양이음의 음양 부조화가 생겨나게 되고, 그 결과 상극의 이치가 지배한다. 그러나 후천이 되면 진술축미의 토자리가 정위에 오게 되어 정음정양으로 음양의 조화가 이루어지며 상생의 세상이 도래한다.

남녀의 상호 관계에 대해서도 영향을 미치기 때문이다.

우주 1년이란 우주가 순환하는 한 주기를 말한다. 물론 이는 나아가 우주 변화가 직선적으로 계속 나아가는 것이 아니라 일정한

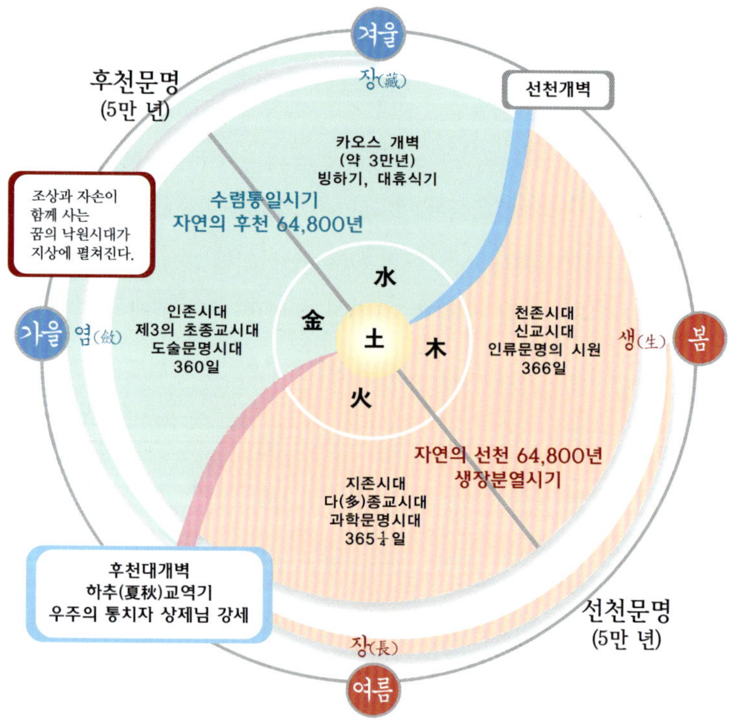

●**우주 1년 129,600년** : 안운산 증산도 종도사님(1922~)께서 해방 다음 해인 1946년에 우주론에 대한 깨달음의 정수를 그림으로 그려 도생들에게 내려주셨다. 증산도의 선후천 개벽사상을 동양의 우주 변화의 원리와 결합시켜 인생과 우주의 문제에 대해 종교와 철학과 과학의 종합 논리로 명쾌하게 풀어주고 있다.

주기를 가지고 순환한다는 것을 뜻한다. 이러한 우주 순환의 주기를 상수론을 근거로 밝혀낸 사람이 중국 송나라의 철학자인 소강절邵康節(1011~1077)이다. 그는 저서『황극경세서皇極經世書』에서 원회운세설元會運世說을 주장하면서 우주 1년이 지구 1년을 단위로 하여 129,600년을 한 주기로 한다는 정확한 수치를 계산하였다.[126] 증산 상제는 이러한 소강절의 업적에 대해 "알음은 강절의 지식이 있나니 다 내 비결이니라."(『도전』2:32:1)고도 하였디.

우주 1년은 지구 1년과 마찬가지로 네 단계의 마디를 갖고 있는데 이를 생장염장生長斂藏이라고 한다. 이는 지구 1년의 봄, 여름, 가을, 겨울에 유비하어 설명된다. 즉 우주 1년의 생生은 만물이 생성하는 봄의 시기에 대응하며 그래서 우주 년의 봄이라고 할 수 있다. 장長은 만물이 성장하는 시기이며, 지구의 여름과 대비된다. 염斂은 만물이 수렴 성숙하는 시기로서 가을에 해당하며, 장藏은 만물이 휴식하는 시기이며 지구의 겨울과 같다.[127]

인간과 자연이 걸어가는 네 박자 리듬, 생장염장

	생生	장長	염斂	장藏
하루	아침	점심	저녁	밤
지구 1년	봄	여름	가을	겨울
인간의 일생	유·소년기	청년기	장년기	노년기
우주 1년	우주의 봄	우주의 여름	우주의 가을	우주의 겨울

126 안경전,『개벽 실제상황』, 49쪽 이하 참조.
127 안경전,『개벽 실제상황』, 44쪽 이하 참조.

이 우주 1년의 과정에서 봄과 여름의 시기를 선천이라고 하고, 가을과 겨울을 후천이라고 한다.[128] 정역 사상을 통해서 살펴본 바와 같이 선천과 후천은 음과 양의 균형 상태가 서로 다르다. 이는 음양의 변화와 우주 1년의 시간 변화가 밀접한 연관을 갖고 있음을 뜻한다. 특히 중요한 것은 음양의 변화가 선천과 후천의 변화 원리를 규정한다는 것이다. 이는 한동석 선생의 우주 변화 원리 해명에서 잘 드러난다. 즉 그는 지축의 경사도가 시간의 단계를 구별하여 선천과 후천으로 나누고, 이러한 선후천에서 음양의 상호 관계가 어떻게 구성되는지를 설명하고 있다.

김일부와 한동석 선생의 말처럼 선천은 삼천양지, 즉 삼양이음의 작용을 하게 되므로 양의 역할이 강한 시기이다. 곧 선천은 양의 시대이며, 이러한 음양의 불균형은 상극의 질서를 낳게 만든다. 양은 성장하는 힘이며 발산하는 힘이다. 성장하기 위해서는 만물이 서로가 서로에 대한 투쟁 상태에 있을 수밖에 없으며, 이러한 만물의 대립은 곧 음양의 불균형에서 초래되는 불가피한 상황이다.

선천은 억음존양의 세상이라(『도전』 2:52:1)
선천은 상극相克의 운運이라 상극의 이치가 인간과 만물을 맡아

---

128 우주 1년의 변화와 선후천에 대해서는 『증산도 도전』을 참조하기 바란다. 증산도 안운산 종도사는 우주 1년 4계절과 선후천, 그리고 상극-상생의 원리를 도표로 그려 쉽게 설명하고 있다.

하늘과 땅에 전란戰亂이 그칠 새 없었나니 그리하여 천하를 원한
으로 가득 채우므로…(『도전』 2:17:1-3)

증산 상제는 억음존양, 삼천양지의 선천을 상극의 세상이라고
하였다. 상극의 세상은 전란이 그칠 새 없고 원한이 가득한 세상
이다. 따라서 만물이 상호 조화롭고 상생하는 관계를 맺기 위해
서는 음양의 균형이 필연적이다. 한동석은 이렇게 음양이 조화를
이룬 균형 상태를 후천의 지축도에서 찾고 있으며, 이때는 음양이
어느 한쪽으로 치우치지 않는 각각 절반의 작용을 함으로써 서로
조화를 이룬 상태이다. 그러한 음양의 균형은 후천이 상생의 세상
이 되는 바탕이다. 일부 선생은 이러한 조화 상태를 '호호무량'이
라고 말한 바 있다.

> 나의 도는 상생相生의 대도이니라. 선천에는 위무威武로써 승부를
> 삼아 부귀와 영화를 이 길에서 구하였나니, 이것이 곧 상극의 유전
> 이라. 내가 이제 후천을 개벽하고 상생의 운을 열어 선善으로 살아
> 가는 세상을 만들리라.(『도전』 2:18:1-3)

증산도 우주론에서는 특별히 음양의 균형 상태를 '정음정양'이
라고 부른다. 우주론적 음양 사상에서 가장 이상적인 형태는 정
음정양의 상태인데, 음양이 불편부당不偏不黨하여 상호 조화를 이
룬 상태이다. 이 정음정양의 상태는 문명과 역사에 있어 갈등과
대립을 상생과 조화로 만드는 기틀이 된다. 이처럼 우주론적 음양

이론을 바탕으로 한 여성해방을 다룸에 있어서 남녀평등, 남녀동권은 정음정양에 대한 이해 없이 설명하기 힘들다.

2) 정음정양과 여성해원解冤

우주와 인간의 참모습을 찾고자 하는 동양 사상에서는 우주 만물의 생성소멸이 음양과 오행의 변화에서 비롯된다고 말한다. 『주역』에서 말하는 '일음일양지위도一陰一陽之謂道'는 곧 '음과 양의 조화로운 작용이 천지 만물의 길이며, 법칙'이라는 것이다. 우주 자연의 근본 요소인 음과 양이 있기에 만물은 생겨날 수 있다. 따라서 음양의 틀을 벗어난 자연과 만물은 있을 수가 없고, 그런 의미에서 우주의 존재 법칙으로서 음양의 절대성이 있는 것이다. 이렇듯 음과 양은 우주 운동의 양대 축으로 본래부터 동등한 가치를 지니는 것이고 그러한 이법을 바탕으로 해서 우주의 틀이 형성되어 있다.

그러나 지나온 인간의 역사는 어떠하였는가? 원시 공동체 사회의 어머니 하느님, 여성신 문화가 부권에 의해 사라진 후 지금까지의 인류는 모든 것이 하늘 중심, 남성 중심의 세상, 즉 억음존양抑陰尊陽의 세상을 살아왔다. 서양 문명과 사상의 토대인 기독교의 '아버지 하나님', 그리고 여자는 남자에게서 나온 남자의 부속품이라는 『성경』의 '창조설'은 남성 중심 세계관의 전형을 보여주었

다. 중세 기독교가 만들어낸 마녀 사냥은 억음존양의 문명이 보여준 인류 문명사의 치욕이었다.[129]

한편 동양에서는 삼종지도三從之道와 칠거지악七去之惡이란 억압적 기제로 모든 죄악을 여성에게 떠넘기고 있다. 그 바탕에는 동서양 문명이 만들어낸 극단적 남성 우월주의가 깔려있다. 증산도 사상은 그 근본적인 원인을 선천 우주의 음양 불균형이 만들어낸 상극의 종교와 문명에서 찾고 있다.

음양은 우주 만물의 특성을 두 가지로 구분하는 기준이 된다. 크게는 하늘과 땅, 작게는 산과 강, 낮과 밤의 구분이 그러하고, 사회적으로는 강자와 약자, 가진 자와 가난한 자의 구분이 그러하다. 모두 전자는 양이고 후자는 음이다. 이러한 구분을 인간에게 적용하면 남자는 양, 여자는 음에 해당한다. 그러나 문제는 이러한 구분이 단지 구분에 그치는 것이 아니라 그 양자의 균형 관계에 의해서 존비尊卑와 우열優劣이 규정된다는 것이다.

이러한 음양 균형은 곧 우주의 질서와 밀접한 관련이 있음은 주지의 사실이다. 우주의 봄, 여름은 양의 시대로 양인 남자가 더 큰 기운을 받게 된다. 이를 조선 후기의 새로운 역학인 정역에서는

---

129 앞에서도 살펴본 것처럼 중세 말에서 근세 초에 이르기까지 기독교에 의해 이루어진 여성폭압의 한 예가 바로 마녀 사냥이다. 수만 명에서 수백만 명의 여성이 마녀라는 억울한 누명을 쓰고 화형을 당하거나 살해당했다. 특히 마녀 재판을 하는 방법 중 바늘 시험이나 불 시험은 잔혹하기 그지없는 방법으로 여성을 고문하였다.

삼천양지三天兩地, 삼양이음三陽二陰 시대라고 하였다. 삼천양지의 우주는 곧 선천의 문명과 인사를 남성 위주의 사회, 즉 억음존양抑陰尊陽의 시대가 되도록 하였다. 따라서 선천에서 남성 위주의 역사가 전개된 것은 우주론적으로 불가피한 상황이었다. 그렇다면 여성해방의 조건인 남녀동권을 위한 해결책은 분명하다. 우주를 지배하는 양의 기운에서 벗어나 양과 음이 상호 조화를 이루는 정음정양의 시대가 되어야한다는 것이다.

> 이때는 해원시대라. 몇 천 년 동안 깊이깊이 갇혀 남자의 완롱玩弄거리와 사역使役거리에 지나지 못하던 여자의 원寃을 풀어 정음정양正陰正陽으로 건곤乾坤을 짓게 하려니와…(『도전』 4:59:1-2)

인간의 모든 문제는 우주론에 바탕을 두지 않고서는 그 진정한 해결책이 불가능하다. 이는 마치 세계 경제를 부정하고 국가 경제를 분석하는 것과 같다. 음양은 우주를 구성하는 가장 기본적인 원리이다. 음양의 균형과 불균형이 상극과 상생의 우주를 만들고, 상극과 상생의 이치는 상극과 상생의 문명을 발생시킨다. 이러한 음양의 상보 관계는 문명의 음양 관계, 승부 관계를 이해하는 바탕이 된다. 이렇게 볼 때 증산도의 여성관을 이해하는 가장 중요한 개념은 바로 정음정양이라고 할 수 있다.[130]

---

130 증산도는 우주와 인간의 관계를 유기체적 관계로 이해한다. 이는 곧 인간과 우주, 우주와 인간은 서로 독립적으로 존재할 수 없다는 것을 말한다. 이러한 우주관은 현대 물리학이 밝히고 있는 우주관과 일맥상통한다.

정음정양은 두 가지 의미를 갖는다. 첫째는 우주론적 의미로 우주의 음양 조화 상태를 말한다. 둘째는 인간론적 의미로 약자와 강자의 구분이 없는 조화로운 상태를 말한다. 특히 여성해방적 관점에서 정음정양은 남녀가 서로 조화를 이루고 살아가는 상태, 남녀가 동등한 권리를 향유하는 상태를 말한다. 물론 전자는 후자가 가능하기 위한 바탕이다. 즉 우주의 음양이 부조화한 상태에서는 인간과 문명의 음양 질서, 강약 질서기 조화를 이루지 못한다는 뜻이다. 따라서 정음정양의 남녀 관계는 정음정양의 우주 질서가 전제되어야 한다.

첫째 의미의 정음정양은 선천의 삼천양지, 삼양이음 시대가 끝나고 우주가 새로운 운동을 하는 상태에서의 음양 관계를 말한다. 일부 선생은 그 시간대를 후천이라고 말하고 있고, 한동석 선생은 후천의 지축도로 설명하고 있다. 더욱 중요한 것은 증산도 정음정양은 개벽 사상과 밀접한 관련이 있다는 점이다. 선천에서 후천으로의 시간적 이행은 우주 1년의 시간대에서 필연적인 과정이다. 우주는 봄, 여름, 가을, 겨울의 사계절로 순환하는데 봄여름의 선천이 끝나면 가을의 시간대로 접어들게 되며, 이 가을의 시간대는 바로 음양이 상호 균형을 이루는 정음정양의 시대이다. 증산 상제는 여름과 가을의 이러한 변화를 후천개벽이라고 하였다. 그리고 지금 우리가 살아가는 이 시대가 바로 가을로 넘어가는 여름과 가을의 전환기, 즉 하추교역기夏秋交易期이다.

지금은 온 천하가 가을 운수의 시작으로 들어서고 있느니라.(『도전』 2:43:1)

현하의 천지대세가 선천은 운運을 다하고 후천의 운이 닥쳐오므로 내가 새 하늘을 개벽하고 인물을 개조하여 선경세계를 이루리니 이때는 모름지기 새판이 열리는 시대니라. 이제 천지의 가을운수를 맞아 생명의 문을 다시 짓고 천지의 기틀을 근원으로 되돌려 만방萬方에 새 기운을 돌리리니 이것이 바로 천지공사니라.(『도전』 3:11:3-4)

후천개벽은 음양이 상호 조화로운 상태가 되는 것을 말하며, 따라서 우주는 상극의 상태를 벗어나 상생이 만물변화의 원동력이 된다는 것을 의미한다. 즉 정음정양의 우주는 곧 상생의 우주를 의미하는데 이는 단지 우주의 음양 운동이 조화를 이루는 것을 넘어서 우주 안의 만물이 음양의 상호 조화와 균형을 이룬다는 것을 의미한다. 비로소 남녀의 평등과 동권이 현실화 될 수 있는 바탕이 마련된 것이다.

더욱 중요한 것은 이러한 정음정양의 시대는 곧 여성의 원한을 풀 수 있는 중요한 계기가 된다는 점이다.

선천은 억음존양抑陰尊陽의 세상이라. 여자의 원한이 천지에 가득 차서 천지운로를 가로막고 그 화액이 장차 터져 나와 마침내 인간 세상을 멸망하게 하느니라. 그러므로 이 원한을 풀어 주지 않으면 비록 성신聖神과 문무文武의 덕을 함께 갖춘 위인이 나온다 하

더라도 세상을 구할 수가 없느니라.(『도전』 2:52:1~3)

선천이 억음존양의 질서로 여성을 억압하는 세상이었다면, 후천은 정음정양, 여성해방의 세상이다. 여성해방의 일차적 조건은 바로 여성의 해원解冤에 있다. 해원이란 원과 한을 풀어준다는 것이다. 지금까지 역사 속에서 억압과 종속의 삶을 살아오면서 받은 여자의 고통과 원한을 풀어주는 것은 남녀 간의 새로운 관계를 정조하는 바탕이 된다.

I부에서 우리는 여성의 원한에 대해서, 그 기원과 과정을 다룬 바 있다. 부권에 의해서 여성에게 가해진 억압과 그 억압이 만들어 낸 원한은 단순히 심적인 고통, 마음의 병을 의미하지 않는다. 즉 여성의 원한은 단지 고통과 슬픔이 가슴 속에 맺혀있다는 표현만으로는 부족하다. 원한은 여성의 가슴 속에 내재하는 고통으로 끝나는 것이 아니라 천지운로를 가로막고, 세상을 멸망케 하는 파괴적인 힘으로 터져 나온다. 증산도 사상에서 원한은 바로 그런 것이다. 세계를 파괴하는 무시무시한 힘, 모든 생명체를 죽음으로 몰고 가는 살기이다. 이런 측면에서 본다면 여성해방이 단지 남녀평등의 문제로만 이해되는 것은 오히려 부차적인 이해라 할 수 있다. 해원이 이루어지지 않은 상황에서 남녀평등이니, 남녀동권이니 하는 말은 무의미하다.

여성의 깊은 원과 한에 대해서는 더 이상의 서술이 불필요한 만큼 자명하다. 삼천양지의 선천이 만들어낸 남성 위주의 역사는 여성을 남성과 동일한 한 인간으로 대접하지 않았다. 여성은 남성의 소유물이며 노리개에 지나지 않았다. 인간의 절반이 여성이지만 여성이라는 이름으로 인간의 절반은 결코 인간으로서의 가치를 인정받지 못했다. 증산 상제는 남성의 권위와 억압에 눌려 "몇천 년 동안 깊이깊이 갇혀 남자의 완롱玩弄거리와 사역使役거리에 지나지 못하던 여자의 원寃"을 드러내고 있다. 그리고 그 원을 풀어야만 정음정양의 새로운 세상이 열릴 수 있다고 말한다.

남녀동권과 그것을 통한 여성해방의 문제는 여성의 원한에 대한 해원을 전제로 해야 한다. 해원을 통해 비로소 여성은 지난날의 고통에서 벗어나 새로운 삶을 살아가는 바탕을 마련한다. 그 바탕 위에서 여성이 여성으로서의 모든 권리와 역할을 수행하는 상태를 여성해방이라고 해야 할 것이다. 즉 여성해원이 남성 우월주의로 인해 받은 원한의 상처를 씻는 소극적인 여성해방이라면, 남녀동권은 그것을 넘어 여성이 남성과 동등한 권리를 행사하는 적극적인 의미의 여성해방이라고 할 수 있을 것이다. 이처럼 여성해방은 여성해원의 차원에서 접근해야 하고, 여성의 원과 한이 모두 풀어질 때 남녀가 평화롭게 살아가는 참다운 남녀동권의 세상이 가능할 것이다.

그러면 여성해원은 어떻게 가능한가? 물론 이는 증산 상제의 천지공사에서 잘 드러난다. 증산 상제의 천지공사는 다른 말로 천지해원공사이다. 천지 만물에 깃든 원한의 기운을 풀어내어 선천 오만 년 동안 뿌리박힌 병을 치유하고 증오를 없애는 것이다. 증산 상제의 해원공사에서 중요한 축을 이루는 것이 여성해원이다. "여성의 원한이 천지에 가득차서 천지운로를 가로막고 있다"는 것이 선천 상극의 역사에 대한 증산 상제의 진단이다. 인류 역사에서 그 누구보다도, 그리고 가장 오래, 그리고 가장 깊이 억압과 공격의 대상이 된 존재는 오직 여성이다.[131] 인류가 희망하는 가장 이상적인 세상, 후천 선경이라는 아름다운 세상은 결코 여성의 원한을 가지고 들어갈 수 없는 곳이다. 그 해답은 바로 정음정양에 있다. 정음정양과 여성의 해원은 필연적인 관계에 있다. 여성해원은 정음정양의 세상을 만들기 위한 조건이고, 정음정양의 세상은 여성이 더 이상 원한을 맺지 않는 세상, 남녀가 평화롭게 살아가는 세상이다.

●**천지비(좌)와 지천태(우)** : 주역의 12번째 괘인 천지비와 11번째 괘인 지천태. 그 괘상卦象에서 볼 때 천지비괘는 하늘(건)이 위에 있고 땅(곤)이 아래에 있는 모양이며, 지천태괘는 땅(곤)이 위에 있고 하늘(건)이 밑에 있는 모양이다.

선천은 천지비天地否요, 후천은 지천태地天泰니라. 선천에는 하늘만 높이고 땅은 높이지 않았으니 이는 지덕地德이 큰 것

---

131 A. Bebel, 같은 책, 15쪽 이하 참조.

을 모름이라. 이 뒤에는 하늘과 땅을 일체로 받드는 것이 옳으니라.(『도전』 2:51:1-3)

지덕이 크다는 것은 음이 지닌 고유의 역할을 인정한다는 것이며, 하늘과 땅을 일체로 받드는 것은 곧 후천이 정음정양의 세상이 되는 것을 말한다. 이는 남녀가 똑같이 존중받는 세상이 되는 것을 함축한다. 이는 다음의 구절에서 더 명확해진다.

예전에는 억음존양이 되면서도 항언에 '음양陰陽'이라 하여 양보다 음을 먼저 이르니 어찌 기이한 일이 아니리오. 이 뒤로는 '음양' 그대로 사실을 바로 꾸미리라.(『도전』 2:52:4-5)

선천의 음양 관계는 양이 더 우위에 있음에도 음을 앞세워 '음양'이라고 불렀다는 것이고, 이제 후천이 되어서 음과 양이 서로 균형을 이루게 되었으므로 음을 앞에 둔 그대로 여성과 억압받는 모든 자들이 선천의 원한을 풀고 행복하고 평화로운 삶을 살게 됨을 말한다.[132] 증산 상제의 여성해방 사상은 "여자가 천하사를 하려고 염주를 딱딱거리는 소리가 구천에 사무쳤나니 이는 장차 여자의 천지를 만들려 함이로다. 그러나 그렇게까지는 되지 못할 것이요, 남녀동권 시대가 되게 하리라."(『도전』 2:53:1-2)는 말에서 잘 드러난다. 여기서 말하는 남녀동권은 곧 정음정양의 여성해방적 표현이다.

---

132 양계초, 같은 책, 476쪽 이하 참조.

남녀동권을 위해서 여성해원은 필연적이다. 그리고 여성해원의
한 단서는 증산 상제의 새로운 사상, 곧 수부 사상에서 찾아볼 수
있다.

●**후천 어머니 산 모악산** : 전북 완주군 구이면, 김제시 금산면, 전주시 중인동에 걸쳐 있는 산(795미터) 예로부터 이곳은 미륵신앙의 본거지가 되어 왔다.

7. 수부 사상首婦思想에서 본 여성해방

　수부 사상은 양의 시대였던 선천을 벗어나 양과 음이 상호 조화를 이루는 정음정양 시대의 상징이다. 선천이 양의 시대, 남성의 시대, 강자의 시대, 건도乾道의 시대였다면, 후천은 음의 시대, 여성의 시대, 약자의 시대, 곤도坤道의 시대다.[133] 건과 곤은 『주역』에서 하늘과 땅을 상징한다.[134] 건의 시대가 곧 남성의 시대를 상징했다면, 곤의 시대는 여성의 시대를 상징하며, 증산 상제에 의해서 여성의 시대는 "수부 사상"으로 대변된다. 또한 우리는 수부 사상에서 그 예전에 있었던 '어머니 하느님' 종교의 참모습을 발견할 수 있다.

---

133 건을 양에, 곤을 음에 배치하는 것은 『주역』 「繫辭」下에 나온다. "乾坤其易之門邪 乾陽物也 坤陰物也 陰陽合德 而剛柔有體" 또한 양을 남성에, 음을 여성에 대비하는 것은 반초班超의 『女戒』에 "陰陽株性男女異行 陽以剛爲德 陰以柔爲用 男以疆爲貴 女以弱爲美"(음양은 본성이 갈라지고 남녀의 행동은 다르다. 양은 강으로써 덕을 삼으며 음은 유약함으로써 쓰임이 있게 된다. 남은 강함으로써 귀하게 되고, 여는 유약함으로써 아름답게 된다.)라는 구절이 있다.(김세서리아, 「유가윤리의 실체화가 여성관에 미친 영향과 그 비판에 관한 연구」, 성균관대학교 박사학위논문, 1996, 37쪽 재인용.)

134 『주역』, 重天乾卦, 重地坤卦 참조.

1) 남녀평등에서 남녀동권으로

군집 생활은 사회적 활동과 역할을 낳고 그러한 사회적 관계는 인간이든 동물이든 차이와 차별을 생산한다. 생태적인, 혹은 형태적인 차이는 모든 존재자들의 존재성을 규정하는 바탕이 된다. 차이가 존재함으로써 자연과 인간은 유기적 상호 작용을 통해서 생산과 소비를 반복하며 생명을 유지해나가는 것이다. 문화론적으로 생태론적으로 볼 때 차이는 피할 수 없는 자연스러우면서 필연적인 것이다. 모든 종과 류가 같은 모양, 같은 능력, 같은 사고를 하고 있다면, 물론 이는 불가능하겠지만, 생존 자체가 불가능하다. 그러나 문제는 이러한 차이를 근거로 차별과 억압이 생겨난다는 점이다.

이렇게 볼 때 차이와 차별을 단지 문화적 이념적 차원에서 정당화할 수도 없다. 만일 그렇다면 차이에 근거한 차별은 영원히 존재할 수밖에 없을 것이다. 그리고 그 차이에 근거한 역차별도 가능하기 때문이다. 즉 남성 우월주의는 남녀 차이에서 비롯되었으나, 이는 다시 여성 우월주의로 인해 남성 억압의 문화로 변화할 수 있다.

차이의 다양성은 차별의 다양성을 허용하고 있다. 이러한 다양성의 인정이 다양한 폭력과 억압을 정당화하는 바탕이 되기도 한다. 즉 차이의 인정이 차별의 정당화를 낳을 수도 있다는 것이다.

이런 면에서 볼 때 자문화自文化 중심주의나 문화 상대주의는 둘 다 한계를 지닐 수밖에 없을 것이다. 예를 들어 여성의 발을 작게 만드는 전족을 중국의 고유 풍습으로 인정하고 단지 문화적 차이의 문제로 접근할 경우 이는 그 차이로 인한 차별의 폭력성을 간과하는 오류를 범할 수 있다는 것이다. 이러한 문화적 차이는 문화 상대주의라는 가치 판단에 의해서 논의되어서는 안 된다는 것을 말해준다.[135]

차이가 차별이 되는 그 바탕에는 다양한 원인이 있을 수 있다. 그 중 가장 큰 원인은 힘의 논리에 근거하고 있다. 즉 동일성 속에서 차이성을 발견하고, 그 차이성을 이용해 타자를 나와 차별하는 것, 그리고 그 차별에 언제나 억압과 소외, 폭력과 착취가 함께하는 것은 힘의 논리를 통해서 일어난다. 남녀 간의 차이가 차별을 낳고, 그 차별이 억압을 낳게 되는 것도 같은 논리로 생각할 수 있다.

여성해방을 실제로 이루려면, 대대적으로 제도화된 억압을 정당화하기 위해 여성의 생물학적, 사회학적 열등성을 주장하는 남성 우월주의 이데올로기를 파괴할 필요가 있음은 분명하다. 남성 지상주의 이데올로기는 그것이 여성의 생물학적 열등성에 대한 뿌리 깊은 편견에서 나온 인종주의의 한 형태로 파악될 때 비로소

---

135 이선, 「문화 간의 철학적 대화를 위한 문화적 패러다임」, 대한철학회 논문집, 『철학연구』 제 108집, 2008, 162쪽 이하 참조.

이해될 수 있다.[136]

　이처럼 여성과 남성의 차별은 불합리하며 만들어진 것에 불과하다. 이에 대한 여성주의적 분석으로 성sex과 젠더gender의 구별을 들 수 있다. 성은 생물학적 차이로 구분되는 것으로서 남성과 여성이며, 젠더는 사회적 이념으로 구분되는 것으로서 남성성과 여성성이다. 성적인 차이는 피할 수 없는 것이지만 젠더는 결코 피할 수 없는 것도, 피해서도 안 되는 것이다. "성들(양성The sexes) 간의 차이로 언급된, 여성과 남성 간의 생물학적 구별은 여성들을 하나의 방식으로 그리고 남성들을 다른 방식으로 행동하게 하였다. 여성주의자들은 행동에 있어서 그러한 차이들이 생물학의 결과가 아니라 사회적 관습의 결과라는 것을 강조하고 싶어 했다."[137] 생물학적 차이가 젠더의 차이로 업그레이드 되는 것에서 문제가 시작된다.

　이러한 여성성에 대한 억압은 근대 산업혁명과 신이성주의의 전파로 생겨난 자유주의와 개인주의로 인해 점점 개조되는 듯하다. 그리고 그러한 여성해방 운동의 목적은 남녀 차별의 타파, 남녀평등 혹은 남녀동권의 실현이다. 여성학적 개념으로 평등이나 동권이란 개념은 여성의 지위와 역할에 관련되어 있다.

136 이효재 편, 『여성해방의 이론과 현실』, 서울: 창작과 비평사, 1991, 97쪽.
137 A. M. Jagger 외 공저, Feminism, 한국여성철학회 역, 『여성주의 철학 1』, 서울: 서광사, 2005, 43쪽.

1부에서 다루었던 것처럼 여성해방론에서 초기 여성운동이 여성의 정치적 권리를 신장하는 운동, 즉 여권 운동으로 나타났다면, 2세대 여성운동은 정치 경제 사회 등 모든 분야에서의 여성의 권리 신장을 넘어서 남성과 여성의 인격적 권리적 평등을 지향했다. 비로소 남녀평등이 여성운동의 모토가 된 것이다. 20세기 중반에 들면서 '남녀평등'은 여성운동의 화두가 되었고, 모든 법과 제도는 그러한 평등 원칙에 맞추어 개선되었다.

그렇다면 남녀 간의 자연스러운 차이에서 인위적이고 폭력적인 차별이 생겨나는 원인은 또 무엇인가?[138] 가장 큰 원인은 자연스러운 차이를 인격적 차이로 왜곡하는 것이다. 그 왜곡의 이면에는 종교적이면서 문화적인, 그리고 정치적인 이해 관계가 숨어있을 것이다. 문제는 그러한 차이가 차별로 나아가는 왜곡된 이데올로기를 해체하는 것이고, 여기서 남녀 평등주의가 정당화된다.

그래서 남녀 평등론은 성적 차이에 근거하는 성적 차별의 극복에서 그 이론적 근거를 찾아볼 수 있었다. 즉 지금까지의 여성운

---

138 남자와 여자의 차별은 어디에서 비롯되는가? 단지 생태적 차이에서 비롯되는 것은 아닌 것 같다. 예를 들어 여장을 한 남자의 경우 완벽하게 여성처럼 보이고 의식이나 행동도 그렇게 보인다면 그는 여성인가? 물론 그가 여성인지 아닌지를 가장 분명하게 확인하는 것은 성기를 살피는 것이다. 성기의 차이는 남성과 여성의 생물학적 차이일 뿐 그 둘의 인격적 차이를 구분하지는 않는다. 그러나 그 여성이 남성임이 드러나는 순간 우리는 다른 관념과 이념으로 그 한 인격체를 인식하기 시작할 것이다.(김세서리아, 『동양 여성철학 에세이』, 서울: 랜덤하우스, 2006, 47쪽 이하 참조.)

동은 '모든 인간은 동일하다'라는 동일성의 모토아래, 남성과 다르다는 성적 차이의 이유로 차별을 받아온 여성들이 그 차별의 부당성을 극복하는 차원에서 전개되었다. 평등은 성을 가진 주체들의 기본적인 같음을 지적하기 위해서 여성주의자들에 의해 자주 사용되었고, 그래서 남성과 여성 사이의 어떠한 차이들도 우연적이며 중요하지 않은 것으로 다루어졌다. 그래서 여성운동은 '여성도 인간인 한 남성과 동일하다'라는 자기 인식, 평등 의식으로, 여성 억압의 원인이 성의 차이에서 비롯된 차별에 있음을 확인하고 이를 해소하는 차원으로 나아갔다.

그러나 남녀 간의 모든 특성적 차이를 무시한 무차별적 평등주의는 남녀 간의 또 다른 불평등을 낳을 우려가 있다는 반성이 제기되었다.[139] 그래서 이제 그러한 차이는 오히려 여성해방의 진정한 모티브로 인정되어야 한다는 주장이 포스트모던 여성주의자들에 의해서 논의되었다.[140]

포스트모던 여성주의자들은 여성들의 권리를 증진시키려는 자유주의 여성주의자의 목표를 능가하고자 시도했고, 자유주의 이론과 정치학이 다루지 않은 여성들의 경험과 억압의 영역을 이론화

---

139 예를 들어 생리휴가, 출산휴가의 부정이나 군대의 문제 등등.

140 최근 여성주의의 논의에서 주류를 이루고 있는 포스트모던 여성주의적 관점은 포스트모더니즘에 이론적 뿌리를 둔 차이의 철학에 근거하고 있다.(정미라, 「여성주의와 다문화주의」, 대한철학회 논문집, 『철학연구』 제107집, 대구: 형설출판사, 2008, 58쪽)

하고자 시도해 왔다. 그렇게 함으로써 그들은 학문, 진리, 역사, 권력, 지식, 주체성의 권위와 지위에 대한 포스트모던 비판을 결집시키고, 변형된 성별(gender)의 차원을 포스트모던 이론에 도입하고 성적(sexual) 차이에 대한 새로운 개념을 발전시켰다.[141]

기존의 인간학적 동일성은 인간적 가치의 측면에서 차별을 해소해주는 관건이 되었지만, 한편 이로 인해 생물학적 차이에서 비롯되는 여성 고유의 능력과 성격이 폄하되거나 제거되는 오류를 범하게 되었다. 따라서 포스트모던 여성주의는 남성과 여성의 차이를 극복하여 동일성으로 통일하려는 시도를 넘어서 오히려 남성과 여성의 차이를 주장함으로써 진정한 의미의 여성해방 운동의 방향을 설정하였던 것이다.[142]

지금까지 여성은 생물학적 형태학적 차이를 배경으로 남성보다 열등한 존재로 인식되었다. 남녀평등은 차이에 근거한 차별이 낳은 여성 억압의 역사를 종식시키는 중요한 사상적 바탕이 되어 왔음은 사실이다. 이제 그러한 차별적 인식을 넘어서서 평등한 존재 인식이 필요하다. 그러한 평등한 인식을 하기 위해서는 차이에 의한 차별의 금지가 요구된다. 물론 이것이 지금까지 기존의 여성 운동이 지향했던 목적이었다. 그러나 현재 제 3세대 여성주의는 차별의 금지라는 소극적 태도에서 벗어나고 있다.

---

141 엘리슨 M. 재거, 같은 책, 119쪽.
142 정미라, 같은 글, 58쪽 이하 참조.

정미라는 "여성은 남성과 동등할 수 있다. 이와 같은 경우 여성은 남성과 같은 수준의 경제적, 사회적, 정치적 권리를 조만간 누리게 될 것이다. 그러나 여성은 잠재적 남성일 뿐이다."라는 이리가라이의 말을 인용하면서, 남녀평등 논리가 갖는 또 다른 왜곡을 지적하고 있다.[143] 이리가라이는 평등에 대한 환상을 비판하는데 그 이유는 남녀평등이란 말로써 결국 남성과 여성의 고유한 차이도, 또 각자의 주체성도 사라지기 때문이다.

> 여성들은 남성과 연관되어 체계적으로 정의되어 왔고, 그러한 것으로서 그들 자신의 특수한 정체성은 거부되어 왔다. 여성에게 허용되어온 정합성, 통일성, 그리고 의미는 남성적 규범들과의 대립에 의해서나 그것들과의 차이에서 생긴 덫이다. 보통 이렇게 남성이 아닌 바(what-men-are-not)에 의한 존재이자 이러한 비-존재(non-being)는 남성에 대한 여성의, 남성적인 것에 대한 여성적인 것의 열등함을 의미한다.[144]

이러한 관점들에서 미래의 여성해방론이 지향하는 바는 산술적인, 기계적인 남녀평등의 차원을 넘어서 진정한 여성성의 회복을 통한 여성해방이 중요한 목적이라는 것을 알 수 있다. 따라서 양의 시대를 지나 음의 시대가 도래했다는 우주론적 해석이 여성해방의 새로운 도구로 이해되어야 하고, 여성에 대한 새로운 이해

---

143 정미라, 같은 글, 60쪽.
144 재거, 같은 책, 374쪽.

는 음양론을 바탕으로 재해석될 수 있다. 즉 여성이란 무엇이며, 왜 여성이 여성으로서의 가치와 권리를 인정받아야 하고, 남성의 상대로서 진정한 정음정양의 동권을 인정받을 수 있는가가 이해되어야 한다.[145] 이러한 여성주의적 시도를 우리는 증산도 '남녀동권' 사상에서 찾아볼 수 있다.

여기서 필자가 말하는 '남녀동권' 사상은 증산도 여성관이 갖는 고유한 논점에 기초한 사상을 지칭한다. 즉 여성학에서 말하는 남녀평등 혹은 동권과는 다른 맥락으로, 증산도 여성관에서 바라본 여성해방적 입장을 말하는 것이다. 참고로 『환단고기』에 "상하에 차등이 없으며(상하무등), 남녀의 권한이 평등하고(남녀평권), 정사는 월권하는 일이 없다"는 문장이 있는데 여기서도 남녀

---

145 "남성과 여성은 평등하다."는 말은 기존의 불평등한 남녀 관계를 부정하는 단순한 선언적 주장에 그칠 우려가 크다. 과연 남성과 여성은 평등하다는 말이, '남성과 여성은 둘 다 인간이다.' 라는 언급 이상을 의미하는지 의문스럽다. 그 평등 속에는 정치적, 사회적, 종교적 평등이 함의되어 있다. 그러나 그러한 평등이 남녀가 동등한 능력과 지위를 가져야 한다는 것을 뜻하지는 않는다. 아리스토텔레스는 "인간은 이성적 동물이다."라고 했는데, 이는 남성과 여성, 즉 인간은 동물과 달리 이성적 사유 능력을 가지고 있다는 것을 의미할 뿐, 남성과 여성이 이성적으로 동등한 사유 능력을 소유하고 있다는 의미는 아니다. 굳이 남성은 우뇌가 발달하고 여성은 좌뇌가 발달했다는 것을 차치하고라도 남성과 여성은 수많은 사고와 감성의 차이를 가지고 있다. 프로이트의 성심리학은 남성과 여성의 생태학적 차이를 거론한 것이며, 나아가 양자 간의 보편적인 심리적 차이가 존재함을 주장한 것이다. 그리고 그러한 심리적 차이는 각 성에 고유한 특성으로 나타나며, 정서적, 감성적, 사유적 차이를 가져온다. 그러나 이러한 차이는 차별을 위한 것이 아니라 차이를 바탕한 각자의 능력이 갖는 특별성으로 나아갈 수 있다. 증산 상제의 수부 도수는 그러한 차원에서 새로운 경지를 보여주었다.

동권을 찾아볼 수 있다. 물론 '남녀평권'이란 개념은 『환단고기』 위서 논쟁의 근거가 되기도 하지만 반대로 고조선 시대에까지 남녀동권 사상의 기원이 거슬러 올라가는 것을 짐작케 한다.

증산도의 남녀동권 사상은 정음정양 사상의 다른 표현이다. 즉 정음정양에 근거한 여성해방의 결론이 바로 남녀동권 사상이라는 것이다. 정음정양은 음양의 조화를 뜻한다. 음양이 서로 균형을 이룬다는 의미에서는 평등을 지향하지만, 그 평등은 음과 양이 각각 고유의 특성을 유지하면서 조화를 이룬다는 의미에서는 그 고유 권리를 동시에 인정해주는 동권을 지향한다.

포스트모던 여성주의자들은 이전의 여성해방론자들이 남녀의 평등에 대하여 지나치게 안이하고 단순히 취급했다고 평가한 후 남성과 여성이 똑같은 존재라는 생각을 잠시 접어두고 여성과 남성이 근본적으로 서로 다른 존재라면 과연 어떻게 다른지에 대하여 심층적 연구에 착수하였다. 그 결과 이들은 여성과 남성의 생리적 차이에서 출발하여 남녀의 심리적 차이, 지적 능력 차이, 사회적 차이 등에 관하여 다각적으로 논의하였고 이에 따라 여성이 남성과 다른 여성만의 본질을 지니고 있음을 인정하였다.

포스트모던 여성주의가 추구하는 새로운 여성해방은 여성의 특수성을 도외시 했던 기존의 평등주의 여성학이 지닌 한계를 극복할 수 있는 새로운 공간을 만들었다는 점에서 아주 의미 있는

논의이다. 어느 정도 평등한 권리를 획득한 서구에서 여성의 특수
성을 회복, 혹은 남성에 의해 각인된 기존의 여성성에 대한 반성
과 이러한 여성성을 해체하고자 하는 여성주의 운동의 노력은 정
당성을 지닐 수 있다.[146] 라깡이 말하듯 "그 여성The Woman과 같은
것은 없다." 즉 하나의 이상적이고 보편적인 여성이 없다는-모든
여성을 나타내는 본질, 영원히 여성적인 것, 자연적이고 불변하는
특징과 같은 것이 없다는- 것이다.[147]

　차이에서 차별이 발생하므로 그 모든 차이를 극복하고 모든 인
간은 동일하다는 전제에서 나오는 남녀 관계는 남녀평등이라는
산술적 동일성으로 나아가게 된다. 그러나 차이가 있음을 분명한
사실로 인정하지만, 그러나 그 차이가 차별을 낳는 것이 아니라
차이가 여성의 여성성을 드러냄으로써 여성만의 권리와 특성이
남성에 대해 배타적으로 인정되어야한다는 것은 평등과는 다른
관점으로 남성과 여성이 고유의 권리를 동등하게 갖고 있다는 것
을 의미한다.[148]

---

146 정미라, 같은 글 참조.

147 재거, 같은 책, 376쪽 이하참조.

148 나아가 포스트모던 여성주의가 갖는 한계도 지적하는데 특히 이러한 차이
를 강조함으로써 나타나는 소통의 단절을 들고 있다. 그러나 필자는 인격적 동
일성, 혹은 인격적 평등주의를 바탕으로 한다면 차이에 근거한 포스트모던 여
성수의의 장점은 분명히 존재한다고 생각한다. 문제는 여성들 간의 차이까지
염두에 둔 포스트모던 여성주의는 결국 여성성의 해체로 인해, 여성해방론 자
체에 대한 부정으로 나아갈 우려가 분명히 존재한다는 점이다

증산도 남녀동권 사상을 음양 관계로 설명할 때도 같은 논리가 적용될 수 있다. 음과 양은 서로 우주를 구성하고 변화시키는 가장 근본적인 요소이다. 그 우주 변화의 근원적 힘으로서 음과 양은 태극의 측면에서는 동일하다고 볼 수 있다. (즉 남녀는 인간적 존엄성의 측면에서는 평등) 그러나 태극이 음양을 낳고 그 음양이 우주를 생성하는 근본이 되었을 때 음양의 동일성을 주장하는 것은 무의미하다. 오히려 음과 양은 그 각각의 특성으로 인해 변화-발전하면서 우주를 창조하는 것이다. (즉 남녀는 서로 다른 존재이며, 그 차이는 여성성과 남성성으로 고유의 능력과 특성을 가진다는 측면에서 동권) 그 과정에서 양의 과잉은 선천의 상극 문화를 낳게 되고, 그 음양의 조화로써 후천 상생의 문화가 열리게 된다.

그러나 이는 음양의 산술적 평등을 넘어서 있다. 오히려 후천은 음을 바탕으로 한 음양 조화의 시대라고 할 수 있다. 증산 상제는 이에 대해 다음과 같이 말하고 있다.

> 음과 양을 말할 때에 음陰 자를 먼저 읽나니 이는 지천태地天泰니라 … 그러나 음 자의 이치를 아느냐? 사람은 여자가 낳는 법이므로 옳게 되었느니라 … 후천에는 음陰 도수가 뜬다.(『도전』 6:51:7-9)

그 음의 특성이 차이로 드러나고 그 차이가 음 문화의 고유한 성격을 열어 후천선경의 새 문화를 규정하는 것이다. 이러한 생각은 인류 시원 역사에서 여성신을 섬기는 문화를 생각하게 한다.

아이를 낳고 기르는 신비가 남성으로 하여금 여성성의 신비에 빠져들게 하였고, 이는 여성신 종교로 나타난 것이다. 앞에서 살펴본 것처럼 여성신을 섬기는 사회는 음을 중심으로 한 음양 조화, 남성과 여성이 조화를 이룬 사회였다.

여성해방 운동은 여권주의, 여성주의, 양성주의의 형태로 변화해왔다. 여권주의는 정치적 경제적으로 여성도 남성과 동등한 법적 권리를 가져야 한다는 주장으로 남녀평등주의와 같다. 여성주의는 평등주의가 남녀의 획일화를 도모한다는 반성 하에 여성만의 고유한 능력과 특성을 찾아 여성이 남성보다 우월하다는 관점을 갖는다. 그러나 그러한 여성 우월주의는 곧 남성 우월주의와 같이 비판될 여지가 있으므로, 이제 프랑스를 중심으로 한 여성해방 운동은 양성주의 혹은 무성주의의 양태를 띠고 있다.[149]

필자는 여성운동이 남녀평등에 머무는 것도, 그렇다고 무성주의로 빠지는 것도 올바른 방향이 아니라고 본다. 인간적, 인격적 보편성, 즉 인간으로서 남과 여는 같은 가치를 지닌다는 보편적

---

[149] "왜 오로지 두 성(sex)만이 존재하는가? 오로지 두 성별(gender)만이 존재하기 때문인데, 이는 여성성과 남성성을 규정할 뿐만 아니라, 이성애성(heterosexuality)을 말한다. 왜 우리는 세 번째 성으로 여성적인 남성을 지정하거나 혹은 네 번째 성으로 남성적 여성을 지정하지 않는가? 자웅동체(hermaphrodites), 양성성 혹은 여성적이라거나 남성적이라고 허용된 사람에 대해 우리가 받아들여 온 상호 배타적인 범주에 대항하고 있는 또 나른 도전이 사회에서는 어떻게 처리되고 있는가? … 주안점은 성과 성별의 분기점의 차원, 남성성과 여성성의 차원 모두에서 사고의 이분법을 균열시키는 것이다." (재거, 같은 책, 372쪽)

평등을 담보한다면, 여성은 남성과 완전히 동일하지 않다는 사실은 여성운동의 베이스가 되어야 한다. 결국 음과 양의 상호 조화가 우주 만물을 조화롭게 만들 듯, 남녀의 상호 차이가 조화를 이루어 남녀 관계에서 새로운 단계를 이끌어내어야 한다는 것이다. 진정한 여성해방은 여성이 여성 고유의 능력과 특성으로 주체적 인격의 한 면을 발견하는 것이다. 그러나 이는 결코 여성 우월주의가 아니라 남녀평등을 넘어서 남녀동권 사상으로의 발전이다.

2) 수부 사상과 여성해방

남녀동권 사상은 남녀평등을 넘어선다. 여성운동이 기존의 남성 중심주의에 반대하여 남녀평등을 주장했지만, 이제는 이를 넘어 남성 중심주의 사회에서 규정된 여성성을 해체시키고 고유한 여성성을 찾는 것이 요구된다. 이는 양도 시대를 보내고 음도 시대를 맞는 우주의 변화와 맞물려 있다. 단지 음양의 균형을 넘어서 음 중심의 정음정양이 이루어짐으로써 남녀의 권리문제 또한 새로운 측면에서 이해되어야 한다.[150] 이러한 새로운 여성해방의 실현을 우리는 증산도의 수부 사상에서 찾아볼 수 있다.

---

[150] 이러한 주장에 대해 '절대적 차이에 근거한 분리주의적 입장이며 이는 남녀상호소통을 차단시킨다.'는 반론이 제기될 수 있다. 즉 차이에 대한 지나친 강조는 공동의 분모가 제거된 여성들을 파편화시키며 진정한 여성해방이라는 중심 목적에서도 이탈하게 된다는 것이다. 필자는 여성 내에서의 차이를 강조할 경우의 이러한 비판에 동의한다. 그러나 남과 녀의 무차별적 동일성은 지양되어야 한다는 입장에서 포스트모던 여성주의는 지지되어야 한다.

증산도 여성관의 핵심은 수부 사상이다. 증산 상제는 자신의 모든 종통대권을 여성인 태모 고수부에게 전하고 있다. 이러한 행위는 앞으로 열리는 후천 새 문명이 음 중심의 음양 조화를 이루어 정음정양으로 전개됨을 예정한 것이다. 수부 사상은 여성해방, 더 나아가 남녀동권의 실현을 의미한다. 이러한 증산 상제의 여성해방적 여성관은 기존 종교와 철학에서는 찾아보기 힘들다.

19세기 조선이라는 사회에서 증산 상세의 여성관은 혁명적이며, 인류 종교 역사상 초유의 일이었다. I부의 〈동서종교의 여성관〉에서 살펴본 것처럼 세계 4대 종교라는 기독교, 유교, 불교, 이슬람교는 여성 억압의 문화를 만들어낸 바탕이었다. 거기서 우리는 여성의 눈물을 보았을 뿐 결코 행복한 여성을 찾아볼 수 없었다. 이제 우리는 증산도 여성관에서 진정한 여성해방의 참모습을 확인하게 된다.

(1) 수부와 태모

먼저 증산 상제의 수부 사상에 대해서 살펴보자. 수부首婦란 '가장 으뜸 되는 여성'이란 뜻이다. 강증산의 신원은 상제였다. 그리고 인류의 구원과 영원한 후천선경을 열어주기 위해 이 땅에 인간으로 강세하였다. 그리고 하늘 상제의 반려자로 땅을 상징하는 수부를 내세웠다. 『증산도기본교리』에서는 수부에 대해 다음과 같이 정의하고 있다.

수부의 수首자는 상제님의 상上자와 대응이 되는 글자로서 '가장 높다. 더 이상이 없다'는 의미이고, 부婦자는 하나님과 같은 격의 여자를 뜻한다. 수부는 후천 오만 년 새 역사를 낳아주신 모든 인간과 신명의 큰 어머니 태모로서 상제님 아내의 공식 호칭이다.[151]

이 정의에서 볼 때 수부는 단지 인간으로서의 최상의 여성을 뜻하는 것이 아니라 더 나아가 인간을 낳아주고 구원하는 최상의 위격을 가진 여성 주체를 뜻한다. 즉 수부는 상제와 같은 격으로서 인간의 삶과 구원의 주체를 의미한다. '아버지 하느님'과 같은 격으로서 수부는 '어머니 하느님'이다. 기존의 종교가 모두 아버지 하느님만을 신앙하였고, 이는 남녀 간의 관계에도 영향을 미쳐 남성 중심주의의 역사를 만들었다. 그러나 이제 아버지 하느님과 함께 '어머니 하느님'을 모심으로써 양 중심의 문화를 벗어나 음양이 조화된 정음정양의 문화가 정립되는 것이다.

이러한 어머니 하느님, 수부에 관한 정의는 다음의 『도전』 구절에서 확인할 수 있다.

상제님께서 천지공사를 통해 평천하를 이루시고 '수부 도수로 천하 만민을 살리는 종통대권을 나의 수부 너희들의 어머니에게 맡긴다.'고 말씀하셨느니라.(『도전』 11:346:6-7)

위 『도전』 구절에서 수부와 수부 도수, 태모의 의미를 짐작할

수 있다. '나의 수부'란 말에서 수부는 곧 '상제님의 반려자'라는 것을 알 수 있으며, 수부를 내세우는 이유는 '천하 만민을 살리기 위한' 것이며, 이는 수부 도수首婦度數의 의미이다. 수부 도수는 인류 구원의 주체로서 수부를 상제의 반려자로 책봉하는 것을 말한다. 또한 '너희들의 어머니'라는 구절에서 수부는 곧 천지만물을 낳은 생명의 어머니로서 '태모'이며, 이는 수부가 곧 '어머니 하느님'이라는 것을 알 수 있다.

> 태모太母 고수부高首婦님은 억조창생의 생명의 어머니이시니라. 수부님께서 후천 음도陰道 운을 맞아 만유 생명의 아버지이신 증산 상제님과 합덕合德하시어 음양동덕陰陽同德으로 정음정양의 새 천지인 후천 오만년 조화 선경을 여시니라.(『도전』 11:1:1-3)

우리는 이러한 증산도 사상의 바탕에서 여성주의와 여성해방의 중요한 맥을 찾을 수 있을 것이다. 증산 상제는 인류 구원을 위해 이 땅에 강세한 하느님이며, 하느님 증산 상제는 천지 만물의 구원을 여성에게 맡기고, 모든 진리와 구원의 맥을 여성에게 전수하고 있다. 이처럼 수부 사상은 여성을 결코 남성의 부속물이나 복종의 대상으로 보지 않는다. 오히려 모든 남성들과 동등한 권리와 능력을 갖는 존재로 인식했다.

혹자는 남녀평등의 관점이라면 굳이 남성이나 여성이나 상관이 없을 것이라는 시각에서 수부 사상을 폄하할 수도 있을 것이다. 즉 남녀가 평등한데 종통을 남성에 전하거나 여성에게 전하는 것이 무슨 차이점이 있는가 라는 반론이다. 나아가 오히려 여성에게 종통을 전수하는 것은 남성에 대한 역차별이라고 억지를 부릴 수도 있다. 그러나 수부 사상은 선천 역사 과정에서 억압받아온 여성들의 고통을 해소하는 것, 그리고 후천 새 세상이 음양이 조화를 이루는 정음정양의 우주인 것과 같이 음양동덕의 종통 전수를 위한 것이다. 여성에게 종통을 전수하는 것, 그것은 우주 음양 원리에서도, 인류 역사의 전개 과정에서도, 다가올 조화와 평화의 이상사회를 위해서도 필연적인 것이다.

이는 여성해방론에서 매우 중요한 시사점을 제시한다. 기존의 종교관에서 볼 때 여성에게 종통을 전한다는 것은 상상하기 힘들다. 이미 앞에서 살펴본 바와 같이 동서양의 가장 거대한 문화 주체인 기독교와 유교는 여성의 지위와 역할에 대해 긍정적인 입장을 가지고 있지 않았다. 그리고 그러한 문화적 전통은 수십 세기를 이어져 현대에까지 이르고 있다. 오히려 기존 종교와 그에 따른 문화적 전통에 대한 반발로 현재 여성해방론이 시작되었다. 이런 측면에서 증산도의 여성관은 매우 혁신적이며 미래지향적이다.

우주의 가을이 오는 이때를 맞이하여 병든 천지를 뜯어고치고 인류를 구원하기 위해 강세한 증산 상제에게 있어서 무엇보다 중요한 것은 수천 년간 인간의 역사에 쌓이고 쌓인 원한을 풀어주는 것이었다. 그 원한이 만든 살기와 파괴성이 천지를 가득 매우고 있는 상황에서는 상생도 구원도 불가능하기 때문이다.[152] 그리고 그 원한의 역사를 이끌어온 것이 바로 억음존양의 우주 원리이며 존재 법칙이었다. 그 원한의 한 가운데 여성의 원한이 자리잡고 있다. 그럼에도 기존의 종교와 문화는 오히려 여성을 더욱 지배하고 억압하며 무시하였다. 특히 유교 질서가 지배하는 조선의 상황에서 남성과 여성의 관계는 최악의 상태였다.

증산 상제의 천지공사는 여자의 마음을 알고, 여자의 삶을 알고, 여자의 희망을 아는 것에서 시작하였다고 해도 과언이 아니다. 천지공사는 해원공사이고, 해원공사의 중심에는 여성해원이 자리 잡고 있기 때문이다. 그리고 여성의 해원은 곧 여성의 해방과 밀접한 관련이 있기 때문이다. 여성해원에서 여성해방으로, 이는 상극의 세상을 끝내고 상생의 세상으로 가는 상징적 모습이다.

(2) 수부공사와 정음정양 사상

증산 상제는 선천 억음존양의 시대에서 억압받는 여성의 원과 한을 풀어주고, 음양의 새로운 질서를 만들기 위해 천지공사의 일환으로 수부공사首婦公事를 집행하게 된다. 수부공사란 인간으로 강세한 인존상제가 상제로서 가진 천지구원의 권능과 의무를 수

---

152 유철, 「증산도의 해원사상」, 증산도사상연구소편, 『증산도사상』 제 4집, 서울: 대원출판사, 2000, 참조

부에게 전하여 그 종통을 이어받게 하는 공사를 말한다. 그러나 수부공사는 단지 상제의 종통을 이어받는 한 여성을 선택하는 것을 넘어선다. 이 공사를 통해서 여성은 남성의 완롱거리에서 벗어나 새 역사를 여는 주체로 우뚝 서게 되며, 기존의 모든 원과 한을 풀고 진정한 남녀동권의 위치와 역할을 갖게 되는 계기를 마련한다. 다시 말해 수부공사의 배경에는 우주의 음양 질서를 바탕으로 하는 정음정양 도수가 깔려있다.

> 천지에 독음독양은 만사불성이니라.(『도전』 6:34:2)

증산 상제의 이 말은 천지 만물의 생성과 소멸이 음양의 질서와 조화에 달려 있음을 내포하고 있다. 그리고 그러한 음양의 존재 질서는 곧 인간의 삶과 문명에도 그대로 적용된다. 음과 양이 따로 분리되어서는 존재의 생성도 만물의 변화도 불가능하다는 뜻이다. 이러한 배경에서 증산 상제는 인존상제로서 인류 구원은 반드시 그 짝이 되는 음의 조화가 있어야 가능하다고 말한다. 즉 하늘을 상징하는 건과 땅을 상징하는 곤이 음양의 조화를 이루듯, 인존상제와 수부는 양과 음으로 서로 조화를 이루어야만 한다는 것이다. 여기서 수부공사의 진정한 의미를 찾을 수 있다.

> 상제님께서 선천 억음존양의 건곤을 바로잡아 음양동덕陰陽同德의 후천세계를 개벽하시니라 … 상제님의 도권道權 계승의 뿌리는 수부 도수首婦度數에 있나니… (『도전』 6:2:1-7)

이 구절의 의미는 고수부에게 종통의 다른 이름인 도통道統을 전했으며, 그로써 증산 상제의 가르침, 즉 무극대도와 도권 계승의 뿌리가 심어졌다는 것이다. 이는 "정음정양, 음양동덕으로 수부에게 도를 전한다."라는 아주 중요한 의미를 내포한다.

증산 상제가 수부에게 종통을 전한다는 내용은 『도전』에 여러 번에 걸쳐 나타난다. 수많은 남성 제자들이 있음에도 불구하고 수부에게 종통을 전한 것은 그 후 증산 상제의 가르침이 다양한 갈래로 뻗어나가는 원인으로 작용하기도 한다. 그럼에도 수부에게 종통을 전하는 것은 왜일까? 그 이유는 바로 정음정양이라는 우주원리에 따른 것이었다. 수부는 여성이고, 여성은 음을 뜻한다. 그리고 선천과 후천의 우주 원리는 양이 우선시되는 음양의 불균형(三陽二陰)에서 음양의 균형(正陰正陽)으로 변화한다. 증산 상제는 음양의 이치에 대해 "독음독양獨陰獨陽이면 화육化育이 행해지지 않나니 후천은 곤도坤道의 세상으로 음양동덕陰陽同德의 운運이니라."(『도전』 2:83:5)라고 말한다. 이러한 배경에서 볼 때 수부로써 종통을 잇는 것은 천리적 관점에서 필연적이었다. 이에 대해 증산도 안경전 종정은 다음과 같이 그 의의를 설명한다.

상제님은 선천의 남성 중심 문화의 벽을 허물고 후천 정음정양의 남녀동권 시대를 열어주시기 위해 종통대권을 남성이 아닌 여성에게 전수하였다. 이로써 선천 억음존양의 문화 속에서 살아 온 여

성들을 불평등과 억압에서 모두 해방시키심은 물론 그들의 원과
한을 끄르시어 진정한 남녀평등의 새 역사를 열어주셨다.[153]

인용문에서 '진정한 남녀평등'은 곧 남녀동권을 의미한다. 증산
도 남녀동권 사상은 지금까지의 남녀 불평등을 개선하여 단지 남
녀의 위치를 동등하게 대우한다는 남녀평등의 차원을 넘어선다.
남녀동권은 그러한 평등사상과 함께, 선천 역사 속에 쌓인 여성
의 억압과 불평등, 원과 한을 끄르는 일이 전제되어야 가능하다.
여성해원은 새로운 남녀 관계를 위해 반드시 필요하다. 증산 상제
는 이와 함께 후천 새 역사의 남녀동권을 이루기 위해 수부에게
모든 천지 만물과 인류의 구원을 위한 진정한 권능을 전수하였
다. 그 핵심은 '10년 천지공사'에서 찾아볼 수 있다.

증산 상제가 어천한 후 수부에게 도통道通이 내려졌다. 즉 증산
상제가 어천하고 2년 뒤, 고수부는 조종골에 성소聖所를 짓고 수
부로서의 역할을 담당한다. 수많은 병을 치유하고 증산 상제의 가
르침을 펴나간다. 그 중 제일 중요한 것은 10년 천지공사이다.

이제부터는 천지가 다 알게 내치는 도수인 고로 천지공사天地公
事를 시행하겠노라. 신도행정神道行政에 있어 하는 수 없다 … 건
乾 십수十數인 증산 상제님께서는 9년 공사요, 곤坤 구수九數의
나는 10년 공사이니 내가 너희 아버지 보다 한 도수가 더 있느니

153 안경전, 『증산도 기본교리 2』, 86쪽.

라.(『도전』 11:76:2-4)

　고수부에게 종통대권이 주어졌음은 이러한 내용에서 확증할 수 있다. 증산 상제가 인존상제의 신분으로 이 땅에 온 것은 천지공사를 통해 병든 하늘과 땅을 개벽하여 신명과 인간을 구원하기 위해서이다. 즉 천지공사는 증산 상제의 강세이유이다. 이런 의미에서 볼 때 수부에게 천지공사가 주어졌다는 것은 매우 의미심장하다. 고수부는 "상제님의 천지공사는 낳은 일이요, 나의 천지공사는 키우는 일이니라."(『도전』 11:99:3)고 말한다.

　증산 상제의 천지공사에서 수부는 대단히 큰 역할을 담당한다. 증산 상제는 "천지공사에 수부가 있어야 일이 순서대로 될 터인데 수부를 정하지 못한 연고로 도중에 지체되는 일이 허다하도다."(『도전』 3:209:3)고 말하고, "나의 일은 수부가 있어야 되는 일이니 수부를 천거하라."(『도전』 6:19:1)고 말한다. 그리고 그 고수부에게 종통을 전한다. "내가 너를 만나려고 15년 동안 정력을 들였나니 이로부터 천지대업을 내게 맡기리라."(『도전』 6:37:5)는 선언으로 종통을 수부에게 전하였다. 이렇게 수부에게 종통대권을 전수한 수부공사는 천지부모인 증산 상제와 고수부가 음양합덕(정음정양)하여 선천 세상의 왜곡된 자연 질서와 인간 질서와 문명 질서를 바로잡음으로써 후천 새 문명을 열기위한 것이다.

(3) 수부 사상의 여성해방적 의의

여성해방Women's liberation이란 말은 논리적으로 '여성 억압'이란 말을 내포한다. 즉 여성은 여성으로서 한 인간의 모든 권리와 의무를 가지고 있는 것이 아니라, 여성이기 때문에 인간으로서의 위치와 권리, 즉 인격을 억압당하고 있다는 것, 그래서 그 억압과 종속에서 해방되어야 한다는 것이다.

역사적으로 여성은 독립된 주체로서 한 인격이 아니라, 남성이라는 유일한 인격을 보조하는 존재에 불과했다. 선사 시대, 고대 그리스를 거쳐 20세기에 이르는 인류 역사 전 기간에서 여성의 지위와 역할에 대한 사실적 기록인 『세계여성사』를 저술한 G. 트뤽은 다음과 같이 말한다.

최초의 인간 사회는 씨족이 지배하고 있었다. 개인은 그 속에서 보호를 받으려면 우선 구속을 감수해야 했고 관습이라든가 의식이라든가 집단적인 감정에 따를 뿐 하나의 개체로서는 거의 무시를 당했다. … 여성들도 남성들과 똑같이 집단으로부터 보장을 받고 또한 그러기 위해서는 집단에 종속되어야 한다는 점에서는 예외가 아니었다 … 유목민이 정착하게 되자 가족이 형성되었고 … 집단이 세분화되고 개인이 자신의 힘과 자기 자신의 고유한 가치를 점점 자각함에 따라 공동체 생활의 밀접한 관계가 느슨해지면서 원시적인 씨족이 해체되고 붕괴되었다. 이렇게 해서 마침내 남자는 해방되었으나 여성은 과거의 권위적인 익명의 힘(원시공동체

의 평화와 조화상태 : 필자)이 보호해주지 않게 되었기 때문에 노예 상태로 전락하게 되었다.[154]

여성 억압의 역사는 사회발달사와 보행을 같이 했다. 그에 의하면 '모권사회'는 아직까지 한 번도 나타나지 않았다. 그러한 흔적은 단지 모계 혈통을 의미할 뿐이다.[155] 즉 모계사회에서 모권의 의미는 남녀평등 차원에서 여성이 가진 평화롭고 조화로운 권력을 말할 뿐이다. 그러나 이러한 평화 시대는 부계사회가 가져온 부권에 의해서 종속과 강압 시대로 이행하게 된다. 모권사회에서 여성은 지배하지 않았다. 그러나 곧 여성은 지배되기 시작했고, 그 후 한 번도 남성의 소유권에서 벗어난 적이 없다는 것이다. 여성의 정치 참여와 사회기여도가 높아지는 현대에 와서 이러한 경향은 축소되고 있지만 여전히 여성은 전통적 이념으로서의 여성성으로 판단되고 있다. 그러한 역사 속에서 여성해방은 곧 억압으로부터의 해방을 지향하고 있다. 페미니즘은 여성운동으로 나타나며, 여성운동은 '여성의, 여성에 의한, 여성을 위한' 운동이고,

---

154 G. Truc, 같은 책, p18-21쪽.

155 G. Truc, 같은 책, 19-20쪽. 심지어 베벨은 "'여성은 노예의 일에 종사한 최초의 인간이었다.' 즉 소위 노예 제도가 존재하기 이전부터 이미 노예로 존재했던 것이다. 사회적 억압과 종속은 모두 압제자에 대한 경제적 종속에서 비롯된다. 그런데 여성이 훨씬 오래전부터 이런 상태에 빠져 있었음은 인류 사회 진보의 역사가 증명한다."라고 말한다.(베벨, 같은 책, 16쪽. 그리고 이효재 편,『여성해방의 이론과 현실』, 서울: 창작과비평사, 1991. 120쪽)

이 여성운동은 여성해방을 전제하고 있다.[156]

여성해방은 여성의 여성성을 비인격에서 하나의 완전한 인격으로 되돌려놓는 것을 목적으로 한다. 즉 여성해방은 잘못된 여성관과 제도적 사회적 여성 억압 기제, 그리고 여성 자신이 갖는 잘못된 의식 등 모든 정통적 '여성성'으로부터 벗어나는 것을 말한다. 일반적으로 여성해방의 주제는 미지불노동, 억압에 의한 침묵, 예속된 신체 등에서 벗어나는 것 등으로 요약된다.[157] 즉 해도 해도 표시 안 나는 가사 노동과 정치적 소외, 강요된 순결과 매춘의 고통 등에서 벗어나는 것이다. 그러나 이들 주제의 배경에는 여성성에 대한 이념적, 관습적 억압이 깔려있다. 그러한 여성성에 대한 억압이 해체되지 않는 한 여성해방의 길은 요원하다고 할 것이다. 증산도 수부 사상은 이러한 측면에서 여성해방의 새로운 획을 긋고 있다.

첫째로 수부 사상은 이러한 여성성에 대한 새로운 평가를 하고 있다. 즉 억압과 소외로서의 여성성이 아니라 존중과 동권으로서의 여성성을 강조한다.

이 뒤로는 예법을 다시 꾸며 여자의 말을 듣지 않고는 함부로 남자의 권리를 행치 못하게 하리라 … 하루는 상제님께서 공사를 보

156 부산대 여성연구소, 『여성과 남성을 위한 여성학』, 서울: 중앙적성출판사, 1996, 313쪽 참조.
157 부산대 여성연구소, 같은 책, 332쪽 참조.

신 후에 '대장부大丈夫 대장부大丈婦'라 써서 불사르시니라.(『도
전』 4:59:3-4)

　여기서 여성과 남성의 역할은 상호 역전된다. 지금까지 남녀 간
의 예법이 남존여비男尊女卑, 여필종부女必從夫였다면 이제 정음
정양의 시대를 맞이하여 새로운 예법으로 남녀 관계를 설정하게
된다는 것이다. 남성의 권리는 여성의 권리를 존중한 상태에서 행
사하게 된다는 것은 곧 남성과 여성의 권리가 동등하게 보장된다
는 의미를 갖는다. 특히 대장부라는 말에서 남성으로서의 대장부
大丈夫를 여성으로서의 대장부大丈婦와 함께 존중하고 있는 어법
은 남녀평등을 넘어 남녀동권 사상의 선언이다. 즉 단순한 평등
이 아니라 남성과 여성이 그 고유의 역할과 특성으로 각각의 권리
를 갖는다는 것이다.

　남성과 여성은 인격적으로 동일한 인간적 가치를 지니되, 서로
다른 모습과 감성을 가진다. 양자는 양과 음의 고유한 특성을 가
지고 역사를 만들어 나가는 두 주체이다. 따라서 그 양자의 차이
를 무시한 평등은 미완의 여성해방이 아닐 수 없다. 그 평등은 현
상적인 모든 여건을 동등한 것으로 인정함으로써, 남성과 여성이
지닌 지위와 역할의 차이는 차별에 의한 것이 아니라 평등을 바
탕한 능력의 차이에서 비롯된다고 정당화한다. 이는 남녀평등이
갖는 한계이다. 따라서 진정한 여성해방은 남성과 여성의 '같음

과 차이'를 함께 고려해야 한다는 것이다. 지금까지의 여성운동이 남녀평등, 남녀 간의 같음에 호소하였다면, 앞으로의 여성운동은 그와 함께 차이의 중요성을 강조해야할 것이다.

위 인용문에서 '大丈夫 大丈婦'의 의미는 바로 이를 함축한다. 남성과 여성은 동등한 권리를 갖는다는 의미에서 모두 '大丈'夫이며 '大丈'婦이다. 그러나 남녀가 각각의 고유한 권리와 특성을 갖는다는 의미에서 서로 구분된 존엄을 갖는다는 뜻에서는 大丈 '夫'이며 大丈'婦'이다. 증산 상제의 '대장부大丈夫 대장부 大丈婦' 라는 말 속에는 인격적으로 존엄한 평등성과 각자 고유한 권리를 함께 갖는다는 동권의 의미가 동시에 들어있는 것이다.

이렇게 남성과 여성의 같음과 다름, 양자의 조화와 합덕을 명백히 보여주고 있는 것이 증산도 남녀동권 사상이면서 수부 사상이다.

둘째로 수부 사상은 인류 역사에서 여성 억압의 근원적 원인으로 밝혀진 부권 중심의 엄격한 가부장제를 해체하는 모티브가 된다.

수천 년을 거치는 동안에 여성의 지위저하에 가장 크게 기여한 것은 부권 가족제의 탄생이었다. 부권 가족의 어떤 역사적 시점에 여성이 자신의 상관이며, 세대주이고, 아내의 몸과 마음의 실질적 주인이며 보호자인, 밥벌이의 주인공이요 모든 가족 재산의 소유주인 남자에게 전폭적으로 의지하는 존재로 전락해버린 사실이 일반화되었다. (그리고 이제) 이 부권제는 자연적인 상태로 간주되어 왔다.[158]

남녀불평등의 기원은 성적인(생태학적인) 차이에 의한 차별이었다면, 여성 억압이 제도화된 것은 바로 부권 중심적 가족 제도를 통해서이다. 가정 내에서 여성이 처해있는 상황은 심각하다. 그러한 여성의 위치는 시회 정치적인 상횡으로 확대된다. 가정이 부권 사회라면, 사회는 남권 사회였다. 그 속에서 여성은 힘없고 나약한 존재, 그러한 권력의 보호를 받아야 하는 존재일 뿐이다. 따라서 여성해방의 가장 큰 모티브는 부권 중심주의의 타파이다. 이러한 여성해방적 모티브를 우리는 수부 사상에서 찾을 수 있다. 수부란 곧 우두머리 여성이란 뜻인데, 이는 모든 여성의 우두머리가 아니라, 모든 생명의, 모든 인간의 우두머리를 뜻한다. 수부로서 아버지 하나님 상제와 어머니 하나님 태모는 상호 음양의 조화를 이룬다. 가정 내에서 부권(대장부大丈夫)과 모권(대장부大丈婦)이 조화를 이룰 때 여성해방의 길은 훨씬 앞당겨질 것이다.

158 이효재, 같은 책, 123쪽. 괄호첨가. 가족의 서구적 어원에 대해서는 다음과 같이 분석된다. "절대적인 가부장제 가족은 로마 시대에 완성되었다. 이것은 영어에서 가족을 뜻하는 'family'의 어원이 가내 노예를 의미하는 '파물루스 famulus', 한사람에게 종속된 노예 전체를 뜻하는 '파밀리아 familia'라는 라틴어에서 유래하는데서 잘 드러난다."(한국여성연구회, 『여성학강의』, 서울: 동녘, 1994, 20쪽)

만일 여성이 남성과 역할을 바꿀 수만 있다면 여성의 사회적 지위는 훨씬 높아질 것이다. 만일 남성이 오늘날 여성이 하는 가정 일을 아무 사회적 비웃음 없이 택할 수 있다면, 그리고 여성이 오늘날 남성들만이 종사하는 것으로 돼 있는 전문직을 사회적 차별의 공포심 없이 받아들일 수만 있다면 말이다.[159]

남성과 여성의 전통적인 성역할은 억압하는 것과 복종하는 것이었다. 이러한 역할을 바꿈으로서 여성과 남성의 관계는 상생과 조화의 관계를 유지할 수 있을 것이다. 그렇다고 여성 중심적 사회가 되어야 한다는 것이 아니다. 남성과 여성이 동등한 권리를 가지지만 평화와 애정의 힘인 음을 바탕한 동권 사회가 되어야함을 뜻한다. 이로써 음과 양이 더 이상 대립과 갈등의 관계가 아닌 조화와 상생의 관계를 이루어갈 수 있기 때문이다.

이제 많은 선각적 여성들은 남자처럼 되는 것이 인간다운 삶을 사는 것인지에 대해 회의를 품게 되었다. 그리고 남자와 동등해지는 작업은 위기에 처한 사회를 살려내는 일과 병행하여 이루어져야 함을 알게 되었다. 그러면서 이미 경쟁적이고 도구적이며 체제 유지적인 남성과 달리, 조화롭고 포용적이며 희망적인 여성의 '주변성'을 새롭게 발견한다. 여성들은 그 덜 오염된 여성들의 체험을 토대로 새로운 사회를 이루어가야 한다는 점을 느끼기 시작했으며, 여기서 여성들은 '사냥꾼적인 죽음의 질서'에 길들여진 남성

---

159 이효재, 같은 책, 122쪽.

과 달리 '아이를 기르고 보금자리를 만드는 살림의 질서'를 지탱해온 여성성에 기대를 건다.[160]

이러한 관점에서 증산도 상생 사상의 의미를 새롭게 되새겨볼 수 있다. 양이 중심이 된 사회에서, 남성은 군림하고 여성은 종속하면서 그 불평등과 불화가 극에 달하였다. 여성은 원과 한으로 고통스러운 삶을 살았고, 남성은 그 고통을 딛고 유일한 권리와 존중을 받아 왔다. 남성과 여성은 서로 극하는 삶을 산 것이다. 그러나 이제 음이 중심이된 사회에서 조화와 평화, 애정과 희망의 특성인 여성성이 중심이 되면서 사회는 어느 한쪽의 군림과 종속이 없는 동권의 사회로 나아가야할 것이다. 그 사회에서 남성과 여성은 서로 생하는, 상생의 삶을 살아가게 된다.

근래의 생명 여성주의에서는 평화운동, 여성운동, 환경운동을 통합하는 새로운 운동을 지향한다. 여성의 잠재된 자질을 정점으로 살려내는 이러한 움직임은 1970년대 중반에 "환경 여성주의 eco-feminism"라는 용어로 소개되었다. 생명 여성주의는 만물의 상호 의존성에 대한 자각을 요하면서 살아있는 모든 존재는 생명체로서의 지구의 각 부분과 연결되어 있다고 본다. 그러므로 우주 속의 동식물과 자연은 인간과의 상호 조화 속에서 끊임없이 형성되고 소멸되는 역동적인 순환 속에 있는 것이다. 여성의 특징은

160 조혜정, 「여성운동의 흐름과 전망」, 이효재, 같은 책, 334쪽.

감정적이고 섬세하며 자기희생적이어서 다른 사람과의 관계를 중요시하는 등 표현적 정감적 특징을 갖는 반면, 남성은 자기주장적, 활동적, 목적적이며 도구적, 기능적이다. 이러한 성별 특징을 고정적으로 이해하고, 성차별의 기반으로 받아들이지 말고 각자가 지닌 장점으로 바꾸어서 그 조화를 통해 상생하고 원윈win-win할 수 있다는 것이다.[161]

수부 사상은 남성 중심의 역사, 상극의 질서를 낳은 억압의 역사를 끝맺고, 여성 중심의 역사, 남성과 여성이 조화를 이루는 역사, 상생의 질서를 만들어 나가는 새로운 역사를 상징한다. 이로써 우리는 인류 시원 역사에 존재했던 모계 중심의 조화와 평화의 사회를 갖게 될 것이다. 남성과 여성이 동등한 권리를 누리게 될 것이다. 그리고 아버지 하느님만의 종교가 아니라 어머니 하느님도 함께 신앙되는 종교를 갖게 될 것이다. 정음정양의 새로운 사회는 음과 양이 서로 화합하며 조화를 이루는 인류 역사상 가장 아름다운 사회, 후천선경이 될 것이다.

---

[161] 정영애 외 공저, 같은 책, 104-105쪽 참조.

8. 맺음말

인류 공동체 내에서 여성이 차지하는 지위와 역할에 관계되는 문제가 페미니즘의 주제이다. 어떻게 하면 여성이 자신의 능력을 최대한 개발하고, 또 모든 방면에서 발휘할 수 있을까. 그리하여 남성과 동등하면서도 완전한 권리를 누리면서 인류 사회의 나머지 반으로서 행복한 삶을 살아갈 수 있을까.

이 문제는 인류 사회가 억압과 착취, 종속과 소외, 원한과 고통에서 벗어나 건강하고 아름다운 사회로 나아가기 위해 반드시 해결되어야 한다. 여성에 의해, 그리고 남성에 의해. 아니 우리에 의해. 이 소책자의 목적은 그 단서를 찾는 것이다.

우주 만물의 존재론적 근거인 태극이 음양의 양면성을 동시에 가지고 있는 것처럼, 우리가 살아가는 세상은 '실체와 관념', '정신과 물질', '육지와 바다', '낮과 밤' 등의 대립물의 조화로 통일체를 형성한다. 이러한 상반된 양자는 서로 분리하여 생각할 수 없는 한 존재의 양면성이다. 이와 마찬가지로 인간의 문제 역시 동일하다. 남과 여는 서로 분리된 독립된 대상이면서 어느 하나가 존재하지 않으면 상대 또한 존재할 수 없는 상호 의존체이다. 인류 사회에서 최초의 종교인 여성신 신앙에 대한 걸작 『하나님이 여자였던 시절』의 마지막 구절은 다음과 같다.

> 여신에게 도전하는 배우자를 죽여 없애는 것이 답은 아니었다. 마찬가지로 여자의 입을 다물게 하거나 경제적으로 약하게 만드는 것도 답이 아니었다. 어쩌면 여자와 남자가 동시에 사과-또는 무화과-를 깨물 때, 서로의 생각과 의견을 존중할 때, 세상과 그 안의 부가 세상에 사는 모든 인간에게 속한 것이라고 여길 때, 우리는 진정으로 문명화된 종이 되었다고 말할 수 있을 것이다.[162]

지금까지 인간의 역사는 이러한 조화와 상생의 남녀 관계를 이루지 못했다. 필자는 그 이유를 전통적 음양 사상에서 찾아보았다. 서양과 동양은 모두 음과 양의 관계에서 양 중심의 역사를 전개했다. 그리고 양 중심의 역사는 결과적으로 음의 억압, 즉 여성에 대한 종속과 소외의 역사를 만들었다. 필자는 그 근본 원인으로 음양의 우주론적 질서가 자리 잡고 있음을 정역의 음양관과 증산도의 정음정양 사상을 중심으로 살펴보았다.

음양 사상에 비추어 여성의 억압과 해방을 다룬 본 책자는 증산도 정음정양에 기초한 남녀동권 사상의 본래 의미를 드러내고

---

162 스톤, 같은 책, 383쪽.

자 하였다. 그 결과 여성해방 사상은 증산 상제의 천지공사에서 중요한 한 축을 차지하는 수부 사상을 통해 해명될 수 있다는 것이 밝혀졌다. 수부 사상은 남녀동권 사상의 대전제이자 결론이며, 후천의 새로운 여성상을 정립하기 위해 반드시 논의되고 해명되어야 할 중요한 조건인 셈이다.

특히 증산도 수부 사상은 음양의 질서를 바탕으로 여성해방의 역사를 새롭게 선개하는 중요한 보티브가 된다는 것이 필자의 결론이다. 그래서 여성해방을 연구하기 위해서는 반드시 증산도의 여성관과 수부 사상을 언급하지 않을 수 없다. 지금까지 종교적 문화적 여성관이 여성 억압 문화의 중심에 서 있었다면, 증산도 수부 사상은 여성해방의 열쇠를 쥐고 있다고 볼 수 있다. 여성에 대한 억압과 폭력이 여성해방이란 주제로 분석되고, 그리고 진정한 남녀평등, 남녀동권의 실현을 위해서는 증산도 여성관에 귀를 기울여야 할 것이다.

참고문헌

경전류

『증산도 도전』(증산도 도전편찬위원회 편, 서울: 대원출판사, 2003.)
『성서』
『꾸란』(사우디아라비아 파하드 국왕 꾸란 출판청)
『논어』
『주역』
『정역』
『춘추』
『환단고기』

단행본

김미영, 『유교문화와 여성』, 살림, 2004.
김세서리아, 『동양 여성철학 에세이』, 서울: 랜덤하우스, 2006.
김주성, 『정역집주보해』, 부천: 태훈출판사, 1999.
남인숙, 『왜 여성학인가』, 서울: 학문사, 2002.
동중서, 『춘추번로』, 신정근 역, 『동중서의 춘추번로, 춘추-역사해석학』, 서울: 태학사, 2006.
모리시마 쓰네오, 조성숙 역, 『마녀사냥』, 서울: 현민시스템, 1997.
부산대 여성연구소, 『여성과 남성을 위한 여성학』, 서울: 중앙적성출판사, 1996.
안경전, 『개벽실제상황』, 서울: 대원출판사, 2005.
안경전, 『증산도의 진리』, 서울: 대원출판사, 2002.
안경전, 『증산도기본교리』, 서울 대원출판사, 2007.
양계초, 풍우란 저, 김홍경 편역, 『음양오행설의 연구』, 서울: 신지서원, 1993.
여성한국사회연구회 편, 『여성과 한국사회』, 서울: 사회문화연구소, 1993.
오성근, 『마녀사냥의 역사』, 서울: 미크로, 2000.
오은경, 『베일속의 이슬람과 여성』, 서울 : 프로네시스, 2006.
이영자, 『중국 여성 잔혹풍속사』, 서울: 에디터, 2003.

이정빈, 정혜정 공저, 『성역할과 여성』, 서울 : 학지사, 1997.

이정호, 『정역과 일부』, 서울: 아세아문화사, 1994.

이효재 편, 『여성해방의 이론과 현실』, 서울: 창작과 비평사, 1991.

정영애 외 공저, 『또 하나의 나무』, 용인: 강남대 출판부, 1998.

한국여성연구회, 여성학강의, 서울: 동녘, 1994.

한국유교학회 편, 『유교와 페미니즘』, 철학과 현실사 2001.

한동석, 『우주변화의 원리』, 서울: 대원출판사, 2002.

A. Bebel, *Die Frau und der Sozialismus*, 이순예 역, 『여성론』, 서울: 까치, 1995.

A. C. Graham, *Yin-Yang and the nature and correlative thinking*. 이창일 역, 『음양과 상관적 사유』, 서울: 청계, 2001.

August Bebel, *Die Frau und der Sozialismus*, 이순예 역, 『여성론』, 서울: 까지, 1995.

A. Rich, Of woman born, 김인성 역, 『더 이상 어머니는 없다』, 서울: 평민사, 1995.

A. M, Jagger 외, Feminism, 한국여성철학회 역, 『여성주의 철학』, 서울: 서광사, 2005.

Erich Noimann, *The Great Mother*, 박선화 역, 『위대한 어머니』, 서울: 살림, 2009.

F. Engels, *Der Ursprung der Familie, des Privateigentungs und des States*, 김경미 역, 『가족, 사적 소유, 국가의 기원』, 서울: 책세상, 2007.

G. Truc, *Histoire Illustree de la Femme*, 이재형 역, 『세계여성사』, 서울: 문예출판사, 1995.

J. Mltchell, *Woman's Estate*, 이형랑 김상희 공역, 『여성의 지위』, 서울: 동녘, 1992.

J. S. Spong, *The Sins of Scripture*, 김준연·이계준 역, 『성경과 폭력』, 고양: 한국기독교연구소, 2007.

Merlin Stone, *When God was Woman*, 정영목 역, 『하느님이 여자였던 시절』, 서울: 뿌리와 이파리, 2005.

Rita M. Gross, *Feminism and Religion*, 김윤정·이유나 역, 『페미니즘과 종교』, 서울: 청년사, 2001.

S. Firestone, *The Dialectic of Sex*, 김혜숙 역, 『성의 변증법』, 서울: 풀빛, 1983. 참조.

논문

강영한, 「증산도의 남녀동권사상」, 증산도사상연구소 편, 『증산도사상』 제 7집, 서울: 대원출판사, 2003.

김세서리아, 「유가윤리의 실체화가 여성관에 미친 영향과 그 비판에 관한 연구」, 성균관대학교 박사학위논문, 1996.

이선, 「문화 간의 철학적 대화를 위한 문화적 패러다임」, 대한철학회 논문집, 『철학연구』 제 108집, 2008.

정미라, 「여성주의와 다문화주의」, 대한철학회 논문집 『철학연구』 107집, 대구: 형설출판사, 2008.

조혜정, 「여성운동의 흐름과 전망」, 이효재, 『여성해방의 이론과 현실』, 서울: 창작과비평사, 1991.